Plünderland

1. Auflage Juli 2024
2. Auflage Juli 2024

Lektorat: Jorinde Reznikoff
Satz und Layout: Mohn Media Mohndruck GmbH, Gütersloh
Umschlaggestaltung: Nicole Lechner

ISBN: 978-3-98992-019-4

MIX
Papier | Fördert gute Waldnutzung
FSC® C014496

Gerne senden wir Ihnen unser Verlagsverzeichnis
Kopp Verlag
Bertha-Benz-Straße 10
72108 Rottenburg
E-Mail: info@kopp-verlag.de
Tel.: (0 74 72) 98 06-10
Fax: (0 74 72) 98 06-11

Unser Buchprogramm finden Sie auch im Internet unter:
www.kopp-verlag.de

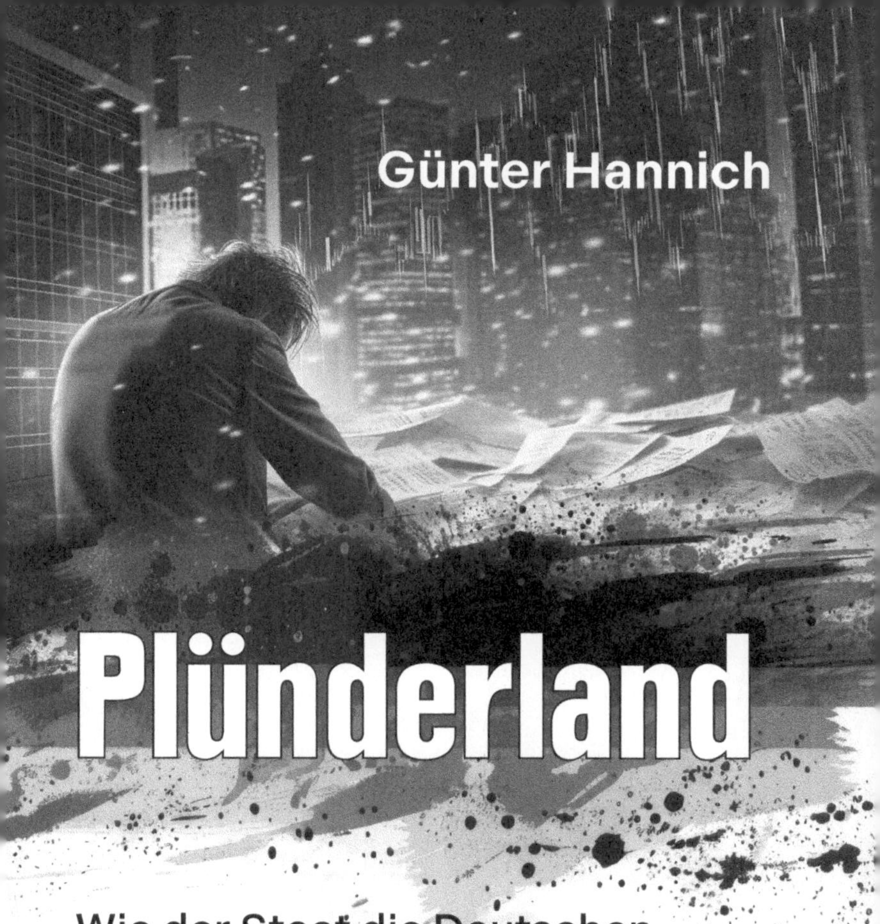

Günter Hannich

Plünderland

Wie der Staat die Deutschen arm macht – und bald sogar völlig ruinieren wird!

Mit wertvollen Tipps, wie Sie sich jetzt absichern sollten!

KOPP VERLAG

Ich danke Heike Thomsen für ihre Mithilfe beim Entstehen des Buches sowie für ihre vielen Ideen, Anregungen und Informationen.

Inhalt

Der Amtseid unserer Politiker in Artikel 56 des Grundgesetzes lautet:

»Ich schwöre, dass ich meine Kraft dem Wohle des deutschen Volkes widmen, seinen Nutzen mehren, Schaden von ihm wenden, das Grundgesetz und die Gesetze des Bundes wahren und verteidigen, meine Pflichten gewissenhaft erfüllen und Gerechtigkeit gegen jedermann üben werde. So wahr mir Gott helfe.«

Einleitung

Immer wieder wird behauptet, Deutschland sei ein »reiches Land« und wir könnten deshalb großzügig Geld in der ganzen Welt verteilen und alle Lasten auf uns nehmen. Doch zeigen Statistiken, dass zwar der deutsche Staat angesichts seiner Rekordsteuereinnahmen reich ist, der deutsche Bürger aber in Europa zu den Ärmsten zählt, was das persönliche Vermögen angeht.

In diesem Buch gehen wir den Ursachen für dieses Missverhältnis auf den Grund. Dabei wird deutlich werden, dass wir in vielen Bereichen schlicht ausgebeutet werden und die meisten Deutschen keine Chance haben, jemals auf einen grünen Zweig zu kommen. Das beginnt mit den höchsten Steuern und Abgaben auf der ganzen Welt und geht weiter über die höchsten Preise für Medikamente oder für Strom bis hin zur Ausbeutung über den Euro. Überall sind wir traurige Weltmeister zum Schaden für den deutschen Bürger, der das alles finanzieren muss.

Doch dieser Zustand wird sich in Zukunft noch erheblich verschärfen, und sollten Sie heute über ein Vermögen verfügen, so ist dieses bedroht und wird bei falscher Anlage schnell verloren gehen. Schuld daran ist ein völlig aufgeblähtes Finanzsystem, das bei einem unweigerlich kommenden Crash alles in den Abgrund reißen wird. Der Staat wird dann versuchen, seine fehlenden Einnahmen dadurch zu kompensieren, dass er noch mehr Steuern fordern und einen neuen Lastenausgleich vor allem auf Immobilien erheben wird. So werden sowohl Geldbesitzer als auch Immobilieneigentümer massiv an Vermögen verlieren und weiter verarmen.

Wer heute nicht darauf reagiert und sich absichert, wird massive Verluste erleiden, die bis hin zur völligen Enteignung gehen können.

»Nicht das Freiheitsbedürfnis, sondern der Diensteifer herrscht stets in der Massenseele. Ihr Drang zu gehorchen, ist so groß, dass sie sich jedem, der sich zu ihrem Herrn erklärt, instinktiv unterordnen.«

Gustave Le Bon (1841–1931), *Psychologie der Massen*, 1895

TEIL 1

Warum die Deutschen so arm sind

Die Deutschen gehören zu den Ärmsten in Europa

Oftmals wird heute behauptet, Deutschland sei ein »reiches Land« und wir könnten deshalb hohe Zahlungen an das Ausland leisten. Doch dass dem nicht so ist, zeigte schon eine Untersuchung aus dem Jahr 2013. Eine Studie der Europäischen Zentralbank (EZB) ergab, dass Deutsche hinsichtlich ihres Privatvermögens als »die Ärmsten im Euroraum« abschnitten. Ermittelt wurde in dieser Studie das sogenannte Medianvermögen, das angibt, welches Vermögen ein Bürger besitzt, der genau in der Mitte der Gesellschaft – also zwischen ganz Armen und ganz Reichen – steht. Der Median gibt einen besseren Eindruck von der Verteilung des Vermögens als der bloße Durchschnitt, der durch wenige Superreiche nach oben gezogen wird.

Während ein Luxemburger ganze 397 800 Euro Medianvermögen besaß, waren es beim Deutschen gerade einmal 51 400 Euro. Selbst die Bürger angeblich »armer Staaten« wie Spanien und Italien hatten mit 182 700 Euro und 173 500 Euro fast viermal mehr Vermögen als der vermeintlich »reiche« Deutsche.[1]

An dieser Armut der Deutschen hat sich bis heute nichts geändert: Ganze 10 Jahre später belegen die Deutschen mit ihrem Medianvermögen gerade einmal Platz 15 in der EU, wie eine Untersuchung der EZB Anfang 2024 zeigte. Demgemäß haben die Luxemburger inzwischen ein Vermögen von 739 000 Euro erreicht, während die Deutschen nur über 106 000 Euro verfügen. Spanier und Italiener liegen mit einem Medianvermögen von jeweils 197 000 Euro und 161 000 Euro nach wie vor deutlich vorne. Selbst

»arme« Länder wie Portugal oder die Slowakei besitzen mit 126000 Euro und 116000 Euro mehr als die »reichen« Deutschen.[2] Betrachtet man die ärmere Hälfte der Deutschen, dann haben diese sogar nur ein Medianvermögen von 16000 Euro. Doch es wird immer schlimmer: Allein zwischen den Jahren 2010 und 2019 hat der Anteil jener mit weniger als 50 Prozent des Medianeinkommens um ganze 40 Prozent zugenommen.[3]

Dies alles, obwohl wir mit einem Bruttoinlandsprodukt (BIP) von 4,1 Billionen bei Weitem die stärkste Wirtschaftsnation in Europa sind. Das nächstgrößere EU-Land ist Frankreich mit einem BIP von nur 2,8 Billionen Euro, und danach folgt Italien mit 2,08 Billionen Euro. Obwohl wir also die stärkste Wirtschaft haben, liegen die Deutschen beim Medianvermögen gerade einmal auf Platz 15.

Auch wenn man das Bruttoinlandsprodukt (BIP) pro Kopf vergleicht, ändert sich dieses Bild nur wenig. Deutschland hat mit gut 46000 Euro ein deutlich höheres BIP pro Kopf als Italien mit 32000 Euro, Spanien mit knapp 28000 Euro oder die Slowakei mit fast 20000 Euro.[4] Noch erstaunlicher wird die hohe Armut in Deutschland in Bezug zu anderen Ländern, wenn man die Arbeitszeit betrachtet: Mit 55 Milliarden Arbeitsstunden im Jahr 2023 wurde seit 1991 noch nie so viel gearbeitet, 2005 waren es vergleichsweise nur 47 Milliarden Stunden gewesen.[5] An der mangelnden Arbeitsleistung kann es also nicht liegen, dass das viel produktivere Deutschland im Unterschied zu den oben genannten Ländern immer mehr an Wohlstand einbüßt.

Beim verfügbaren Nettoeinkommen sieht es ebenfalls unterdurchschnittlich aus: In Liechtenstein liegt das verfügbare Einkommen beispielsweise bei über 66000 Euro pro Kopf und Jahr, in der Schweiz bei fast 42 000 Euro, während es in Deutschland nur 25 000 Euro sind. Erneut stehen wir vor der Tatsache, dass wir, obwohl wir die stärkste Wirtschaft in Europa haben, in puncto verfügbarem Einkommen gerade einmal auf dem 8. Platz liegen.[6]

Nimmt man statt dem Medianvermögen das Durchschnittsvermögen, dann rangiert Deutschland mit 413 000 Euro auf Platz 9 in der EU. Doch das höhere Durchschnittsvermögen sagt wenig über die Verteilung des Vermögens aus, denn Ersterem zufolge besitzen ein mittelloser Bettler und ein Millionär beide eine halbe Millionen Euro. Doch diese theoretische Zahl hilft natürlich dem Bettler nicht, denn eine große Differenz zwischen Medianvermögen und Durchschnittsvermögen spricht im Gegenteil für eine erhebliche Unausgewogenheit zwischen Reich und Arm in der Bevölkerung.

»Es herrscht Klassenkrieg, richtig, aber es ist meine Klasse, die Klasse der Reichen, die Krieg führt, und wir gewinnen.«

Warren Buffett (*1930), Börsenspekulant und Multimilliardär, 2006

Extrem ungleiche Vermögensverteilung in Deutschland

Wie schlimm es für die meisten Deutschen tatsächlich aussieht, verdeutlicht eine Untersuchung der Großbank ING: Demnach besaßen Ende des Jahres 2022 ganze 30 Prozent keinerlei Rücklagen, und 57 Prozent der Befragten gaben an, überhaupt nicht sparen zu können, weil sie schlicht zu wenig verdienen, um irgendetwas zurücklegen zu können.[7]

Wie das deutsche Wirtschaftsministerium bekannt gab, kommen den oberen 10 Prozent der Haushalte sage und schreibe 60 Prozent des kompletten Volksvermögens zu, der Hälfte der deutschen Bevölkerung aber gerade einmal 2,3 Prozent. Das Missverhältnis ist also äußerst kritisch.[8]

Dies wird auch durch weitere Untersuchungen bestätigt. Das Wirtschafts- und Sozialwissenschaftliche Institut (WSI) der Hans-Böckler-Stiftung veröffentlichte im Jahr 2017 eine Studie, die der Frage nachging, wie lange in Deutschland Haushalte von ihrem Vermögen leben könnten, wenn sie auf jedes sonstige Einkommen wie Lohn, Rente oder Sozialleistungen verzichten müssten. Das Ergebnis zeigte, dass die Mehrheit von ihnen über kein nennenswertes Vermögen verfügt.

So könnte ein Drittel der Haushalte maximal einige Wochen bis zum kompletten Vermögensverzehr ohne weiteres Einkommen leben. Weitere 20 Prozent kämen maximal 2 Jahre über die Runden, bis das Vermögen aufgebraucht wäre. Nur 10 Prozent der Haushalte schaffen es, 13 Jahre lang mit dem Vermögen auszukommen. Und lediglich bei 5 Prozent würde das Vermögen sogar für mehr als 21 Jahre reichen. Im Schnitt liegt der Wert für alle deutschen Haushalte bei nicht mehr als einem Jahr und 11 Monaten. Die Ursache dafür ist, dass große Teile der Bevölkerung bei uns über kein nennenswertes Vermögen verfügen oder sogar verschuldet sind.[9] Eine weitere Studie, die vom Deutschen Institut für Wirtschaftsforschung (DIW) durchgeführt wurde, ergab, dass die 45 reichsten Haushalte in Deutschland genauso viel Vermögen besitzen wie die ärmere Hälfte der Bevölkerung.[10]

Doch es wird noch schlimmer: Die Deutschen »entsparen« sich erstmals. Wie die Sparkassen bekannt gaben, hatten im Jahr 2023 10–15 Prozent der Kunden ihre Konten überzogen. Damit waren erstmals seit vielen Jahren die Konten der Kunden weniger gefüllt als 12 Monate zuvor. In einer Studie des Leibniz-Zentrums für Europäische Wirtschaftsforschung (ZEW) gaben 40 Prozent der Befragten an, zur Finanzierung ihres Alltags auf Vermögen zugreifen zu müssen. Das sind doppelt so viele wie 3 Jahre zuvor.[11]

Ein Grund dafür, dass die meisten Deutschen wirtschaftlich kein Bein auf die Erde kriegen, ist das ungerechte Erbschaftsrecht, welches das Vermögen in immer weniger Händen konzentriert.

Erbschaften konzentrieren das Vermögen bei Superreichen, die immer reicher werden

Ein weiteres Feld, das es kritisch zu betrachten gilt, ist das großer Vermögenswerte. Sie sind ein leistungsloses Einkommen und unterliegen kaum der Steuer, obwohl sie in enormem Ausmaß getätigt werden. Hier geht es nicht um kleine Erbschaften bis zu einer Million Euro (die meist ohnehin durch die Freibeträge steuerfrei sind), sondern um die großen Vermögen die sich bei nur wenigen Superreichen konzentrieren und die eigentlich der Erbschaftssteuer unterliegen sollten. Angesichts des gewaltigen Erbschaftsvolumens von jährlichen 400 Milliarden Euro sind die Einnahmen aus der Erbschaftssteuer nur sehr gering: 6,3 Milliarden Euro waren es im Jahr 2015,[12] 2022 sah es mit 9,2 Milliarden Euro – also im Schnitt 11,2 Prozent Versteuerung der Erbschaftssumme – auch nicht besser aus, und 2021 ging die Summe sogar auf 9,4 Prozent zurück. Selbst für große Vermögen zwischen 10 und 20 Millionen Euro liegt der durchschnittliche Steuersatz gerade einmal bei 16 Prozent.[13]

Hintergrund dieser geringen Besteuerung großer Erbschaften ist, dass seit 2009 Betriebsvermögen bis zu 100 Prozent von der Erbschaftssteuer befreit sind. Reiche können also bei einer entsprechenden Gestaltung ihres Vermögens dieses nahezu steuerfrei an Angehörige weitergeben. Im Jahr 2014 hat das Bundesverfassungsgericht die Steuerausnahmen für Unternehmensvermögen als zu weitreichend und damit für verfassungswidrig erklärt. Daraufhin wurde das Erbschaftsrecht 2016 zwar nachgebessert, doch es enthält so viele Schlupflöcher, dass Superreiche nach wie vor kaum betroffen sind. 2022 kam es in 24 Fällen zu einem völligen Steuererlass für Großvermögen in Höhe von 1,43 Milliarden Euro, und von den zunächst angesetzten 1,68 Milliarden Euro Erbschaftssteuer wurden am Ende nur 0,25 Milliarden wirklich eingetrieben. Der effektive Steuersatz liegt damit für die Superreichen nur bei 4,5 Prozent, im Jahr 2021 sank er sogar auf 1,5 Prozent.

Wie eine Sonderauswertung der Steuerstatistik der Jahre 2009–2020 ergab, kommt diese Steuerfreistellung nur wenigen

Begünstigten zugute. 3236 Personen (0,16 Prozent aller Steuerfälle) mit Erbschaften von über 20 Millionen Euro bekamen etwa 64 Prozent des gesamten begünstigten Erbschaftsvolumens von insgesamt über 260 Milliarden Euro.[14]

Halten wir also fest: Angesichts all der Schlupflöcher wie Betriebsvermögen oder Stiftungen entrichten Reiche praktisch keine Erbschaftsteuer.

Damit kommen wir zum nächsten Punkt, der angeblichen »Erbengeneration«.

»Die erste Generation verdient das Geld, die zweite verwaltet das Vermögen, die dritte studiert Kunstgeschichte und die vierte verkommt vollends.«

Otto von Bismarck (1815–1898), dem ersten deutschen Reichskanzler, zugeschrieben

---

Das Märchen von der Erbengeneration

Häufig wird darauf verwiesen, dass sich dank der sogenannten »Erbengeneration« der in Deutschland vorhandene Reichtum auf breitere Bevölkerungsschichten ausdehnen würde.

Mitte 2017 ging eine Schlagzeile durch alle Medien, die Summe des Erbschaftsvermögens sei noch viel größer als bisher vermutet. War man bisher von 300 Milliarden ausgegangen, so ergab eine Studie des DIW, dass im Zeitraum von 2012 bis 2017 durchschnittlich sogar 400 Milliarden Vermögenswerte pro Jahr an die Erben verteilt wurden.[15] Doch wer denkt, dieses gewaltige Vermögen würde sich auf weite Teile der Bevölkerung erstrecken, irrt sich. Große Erbschaften macht nämlich nur, wer reiche Eltern hat und ohnehin schon aus reichem Hause kommt. Erbschaften konzentrieren Vermögenswerte in immer weniger Händen und verteilen es nicht auf das Volk.

Eine weitere Untersuchung des DIW von Ende 2016 ist noch brisanter, denn sie zeigt, dass der Hauptanteil solcher Vermögen an und für sich schon aus Erbschaften stammt und keineswegs erarbeitet wurde: »Befragt nach den Gründen für ihren Reichtum gaben in der Erhebung insgesamt zwei Drittel [...] Erbschaften und Schenkungen an [...].«[16] Demzufolge wurde Reichtum seit Langem von der Leistung entkoppelt. Reich wird jemand in der Regel dadurch, dass er erbt, und nicht dadurch, dass er arbeitet und etwas leistet. Damit wurde das natürliche Leistungsprinzip weiter degeneriert, nach welchem Einkommen und Reichtum durch die eigene Arbeitsleistung generiert werden sollten. Nur durch Arbeit werden Werte erschaffen, nicht durch Rendite oder Erbschaften. Nicht umsonst gibt es ein Sprichwort, das besagt: »Eine Erbschaft lässt die Muskeln schwinden und das Gehirn schrumpfen.«

Aus einer Studie der Quirin Privatbank geht hervor, dass zwar 35 Prozent der Erwachsenen bereits eine Erbschaft gemacht haben, aber nur 16 Prozent davon 100 000 Euro überschritten.[17] Das zeigt, dass heutige Erbschaften überwiegend klein sind. Hierin spiegelt sich ganz klar die extrem ungerechte Vermögensverteilung im Land wider: Die Mehrheit der Bevölkerung ist nahezu vermögenslos, weshalb sie den Nachkommen auch keine großen Erbschaften hinterlassen kann.

Halten wir fest: Erbschaften sind ein Grund dafür, dass Reichtum in Deutschland extrem ungleich verteilt ist und dass sich die meisten Deutschen, auch von dieser Seite betrachtet, wirtschaftlich vergeblich abstrampeln. Damit ist aber auch das Gerede von der sogenannten »Erbengeneration« pure Augenwischerei, denn die meisten erben entweder gar nichts oder nur kleine Vermögensanteile, während nur eine ganz kleine Minderheit in den Genuss von – dann allerdings gewaltigem – Vermögen kommt. Es sei noch einmal betont, dass dieser Zustand vor allem deshalb kritisch ist, weil das ererbte Geld nicht aus eigener Arbeitsleistung stammt und sich so bei immer weniger Personen konzentriert, während die Chance der übrigen Bevölkerung weiterhin abnimmt, zu Vermögen zu kommen.

Festzuhalten ist: Betrachtet man die Vermögenswerte im Besitz der Bürger, so gehören die Deutschen zu den ärmsten Europäern. Den ökonomisch vergleichbaren Schweizern kommt fast dreimal so viel Vermögen zu. Es stellt sich die Frage, warum das so ist, und damit letztlich, warum Deutschland ein Land ist, das seine Bürger ausplündert.

***»Es gibt keine schlimmere Tyrannei,
als jemanden zu zwingen, für etwas zu zahlen,
das er nicht will, nur weil ihr glaubt,
dass es gut für ihn wäre.«***

Robert Anson Heinlein (1907–1988), Meister der US-amerikanischen Science-Fiction-Literatur, *Der Mond ist eine herbe Geliebte*, 1966

Deutschland hat die höchsten Steuern und Abgaben der Welt

Der erste Grund dafür, dass sich die Deutschen wirtschaftlich niemals konsolidieren werden, sind die extrem hohen Steuern und Abgaben in ihrem Land. Wie eine Auswertung der Organisation für wirtschaftliche Zusammenarbeit und Entwicklung (OECD) ergab, ist die Steuer- und Abgabenbelastung der Arbeitseinkommen bei einem verheirateten Paar mit Kindern unter den 38 Mitgliedern der OECD neben Belgien in Deutschland mit 40,8 Prozent am höchsten, während der Durchschnitt der Abgaben bei den OECD-Staaten bei 29,4 Prozent liegt. Bei Alleinstehenden werden sogar ganze 47,8 Prozent vom hart erarbeiteten Lohn abgezogen.[18]

Besonders krass fällt der Vergleich mit dem Nachbarland Schweiz aus, wo Alleinstehende lediglich 23,4 Prozent Steuern und Abgaben zahlen und Familien 17,7 Prozent. Dabei liegt der Medianlohn in Deutschland bei 3427 Euro, während er in der Schweiz 6665 Schweizer Franken (6800 Euro) beträgt. In der Schweiz verdient man also doppelt so viel wie in Deutschland, zahlt aber nur halb so viel Steuern.

Wie unabhängige Untersuchungen zeigen, beläuft sich die durchschnittliche Abgabenlast in Deutschland bei einem jährlichen Bruttoeinkommen von nur 24 000 Euro schon auf 40 Prozent, steigt bei einem Einkommen von 35 000 Euro auf 45 Prozent und bei 80 000 Euro sogar auf 50 Prozent.[19]

Nicht anders sieht es für Unternehmen aus. Wie das Zentrum für Europäische Wirtschaftsforschung (ZEW) betont, werden

Unternehmen in keiner anderen europäischen Volkswirtschaft so hoch mit Steuern belastet wie in Deutschland. Nach dieser Studie liegt die effektive Steuerbelastung hier bei 28,8 Prozent, während sie im EU-Durchschnitt bloß 18,8 Prozent betrage.[20]

Kein Wunder, dass der Steuerzahlerbund den Staat dazu aufruft, erst die Ausgaben zu reduzieren, bevor er nach anderweitigen Finanzierungsquellen wie Steuern und Schulden suche. Die Politik unterliege dem Irrtum, dass der Steuerzahler unbegrenzt belastbar wäre und »dass sich die Einnahmen den Ausgabewünschen [der Politiker] anzupassen« hätten. »Es dürfe nicht sein, dass die Bundesverwaltung immer größer werde, Subventionen ›wie am Fließband‹ beschlossen würden und der Staat eine teure Vollkasko-Politik betreibe [...].«[21]

Und dann wird jedes Jahr aufs Neue gefeiert, dass der Staat mehr Geld eingenommen und mehr Steuern eingetrieben hat, als zu erwarten war. So betont der Monatsbericht des Finanzministeriums für das Jahr 2022, der Staat habe mit fast 815 Milliarden Euro ganze 5 Milliarden mehr einkassiert, als man im November 2021 noch habe absehen können. Dabei ist die Umsatzsteuer mit 285 Milliarden Euro der größte Posten, gefolgt von 227 Milliarden Euro Lohnsteuer. Folglich hat sich die Steuerlast gegenüber dem Vorjahr um ganze 7,1 Milliarden Euro erhöht.[22] 2023 kletterten die Steuereinnahmen nochmals um 1,8 Prozent auf 830 Milliarden Euro – und das, obwohl die Wirtschaft in demselben Jahr »um 0,3 Prozent geschrumpft« ist.[23]

Wie massiv in Deutschland die Steuern steigen, zeigen auch folgende Zahlen: In den letzten 15 Jahren sind die staatlichen Steuereinnahmen (also unsere Steuerzahlungen) um 84 Prozent, die Brutto- und Nettolöhne aber nur um gut 50 Prozent gestiegen.[24] Der Staat greift immer mehr von unserem sauer verdienten Geld ab.

Die Reichen zahlen keine Steuern

Doch noch viel extremer ist das Verhältnis zwischen der Abgabenlast der Kapitalbesitzer und der arbeitenden Menschen (Unternehmer, Arbeiter und Angestellte). So verwundert es wenig, dass etwa die Hälfte der reichsten Haushalte beispielsweise in Hamburg gar keine Steuern bezahlen. In Baden-Württemberg ergab eine Studie, dass die Bezieher von Einkommen zwischen 125 000 und 0,5 Millionen Euro mithilfe kräftiger Steuersparmodelle nur zwischen 14 und 28 Prozent abgeben müssen – weniger als ein lediger Durchschnittsverdiener mit 20,2 Prozent Steuerabzug, wozu noch die Sozialabgaben kommen.

Zu Recht bezeugten schon 1998 bei einer Umfrage 63 Prozent Bundesbürger, dass sich die Bundesregierung überwiegend am Wohl der Bessergestellten orientiere. Auf die Frage, wie man reich werde, äußerten 32 Prozent »durch Steuerhinterziehung« und 31 Prozent »durch Erbschaft«, wohingegen harte Arbeit nur mit 15 Prozent und Sparsamkeit mit 12 Prozent genannt wurden.[25]

Während das durchschnittliche Bruttomonatsgehalt der Angestellten in Industrie und Handel von 1960 bis zum Jahr 2000 nur um das 10-Fache angestiegen ist, kletterte die Steuerlast um das 17-Fache.[26] Die Steuerlast steigt also erheblich schneller als das Einkommen, sodass die Bürger allein aus diesem Grund immer weniger Geld zur Verfügung haben.

Hinzu kommt das immer komplizierter werdende Steuerrecht, das zu durchschauen selbst Spezialisten inzwischen Mühe bereitet. Während sich der reiche Kapitalbesitzer eine gewiefte Steuerabteilung leisten kann, welche durch »kreative Buchführung«[27] für ihn Steuern spart, muss der Kleinunternehmer und Arbeiter zusehen, wo er bleibt, und entsprechend mehr Steuern bezahlen. Zu Recht kündigte der Bund der Steuerzahler bereits Klagen gegen eine Reihe von bedenklichen Vorschriften an und warf der Bundesregierung Steuerchaos vor.

Außerdem werden Steuern selten wieder abgeschafft. Ein Beispiel dafür ist die Sektsteuer, die vor gut 120 Jahren von Kaiser Wilhelm II. eingeführt wurde, um die Aufrüstung der Flotte zu finanzieren. Obwohl es diese Flotte schon lange nicht mehr gibt, muss noch heute für jede Flasche Sekt über einen Euro Steuer bezahlt werden.[28]

Doch was bedeuten diese fortwährenden Steuerrekorde? Nichts anderes, als dass die Bürger um einen stets höheren Betrag ausgeplündert werden, denn was der Staat einnimmt, wird uns schlicht und einfach weggenommen. In dieser Hinsicht gibt es keinen Grund zum Feiern. Mit 830 Milliarden Euro Steuern im Jahr 2023 sprengen wir bald die Grenze von einer Billion – Tausend Milliarden Euro für einen unersättlichen Staat, in dem die meisten Menschen immer weiter verarmen.

Doch es wird noch schlimmer: Der Staat tut alles, damit die Steuern auch in Zukunft ansteigen. Der Grund dafür? Die Steuerzunahme wird sich beschleunigen, da die Zinslasten für die ausufernde Staatsverschuldung rasant in die Höhe klettern.

***»Gleich zu sein unter Gleichen,
Das lässt sich schwer erreichen:
Du müßtest ohne Verdrießen
Wie der Schlechteste zu sein dich entschließen.«***

Johann Wolfgang von Goethe (1749–1832),
Gedichte. Ausgabe letzter Hand 1827

Ausufernde Zinslasten für die Staatsverschuldung

Zunächst einmal steigt die Staatsverschuldung immer weiter an. Wie die Deutsche Bundesbank mitteilte, sind die deutschen Staatsschulden im Jahr 2023 auf 2600 Milliarden Euro gestiegen. Damit sind sie in diesem Jahr um ganze 62 Milliarden Euro höher als noch Ende 2022.[29] Was diese Zahl bedeutet, wird an einem Beispiel des Bundes der Steuerzahler deutlich: Würde der Staat jeden Monat eine Milliarde Euro zurückzahlen, würde es trotzdem bis zum Jahr 2232 dauern, bis dieser Schuldenberg abgetragen wäre.

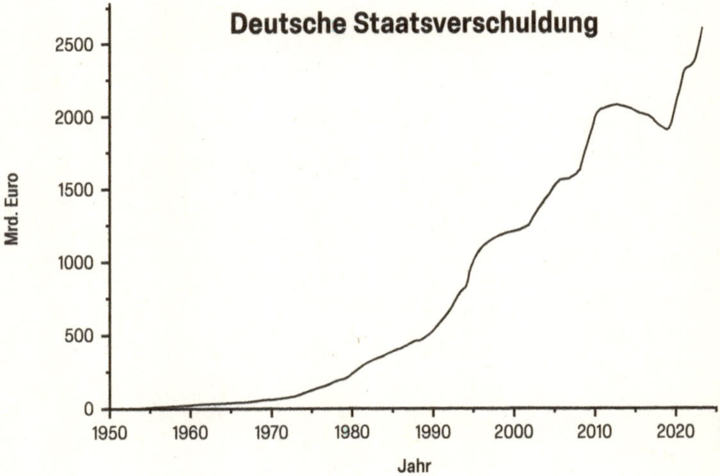

Abb. 1: Die Staatsverschuldung von Deutschland

Noch vor 10 Jahren hatten wir nur 2044 Milliarden Euro Schulden und vor 20 Jahren nur 1430 Milliarden Euro. Die Staatsschulden haben sich also in 20 Jahren nahezu verdoppelt, und es geht weiter steil nach oben. Das Fatale dabei ist, dass aufgrund der gestiegenen Zinsen die Zinslast für den Staat immer drückender wird. Bis zum Jahr 2022 lagen die Zinsen für Staatsanleihen im negativen Bereich, womit die Zinslast immer kleiner wurde.

Seither sind die Zinsen von damals – 0,5 Prozent auf fast + 3 Prozent angestiegen, und damit steigt auch die Zinslast für die Schulden kräftig an. Mussten im Jahr 2021 nur 3,9 Milliarden für Zinsen ausgegeben werden, sind es jetzt schon 25 Milliarden, und es geht weiter kräftig nach oben, da immer mehr auslaufende niedrigverzinste Anleihen zu deutlich höheren Zinsen umgeschuldet werden müssen.

Mit anderen Worten: Es müssen immer mehr Schulden aufgenommen werden, um allein die Zinsen zu bezahlen. Kommt es dann noch zu einer neuen Finanz- oder Bankenkrise wie 2008, gerät auch der Staat sehr schnell in eine Überschuldung und steht vor dem Bankrott.

Von 2016 bis 2022 hatten wir in Deutschland Negativzinsen für Staatsanleihen.

Dieser Trend zu fallenden Zinsen ist aber nicht neu. Hatten wir 1995 noch eine Umlaufrendite (einen Durchschnittszinssatz für 10-jährige Staatsanleihen) von 7,5 Prozent, so war diese 2021 auf – 0,5 Prozent gesunken. Doch das änderte sich schlagartig im Jahr 2022, als die Zinsen plötzlich wieder bis auf + 3 Prozent anzusteigen begannen.

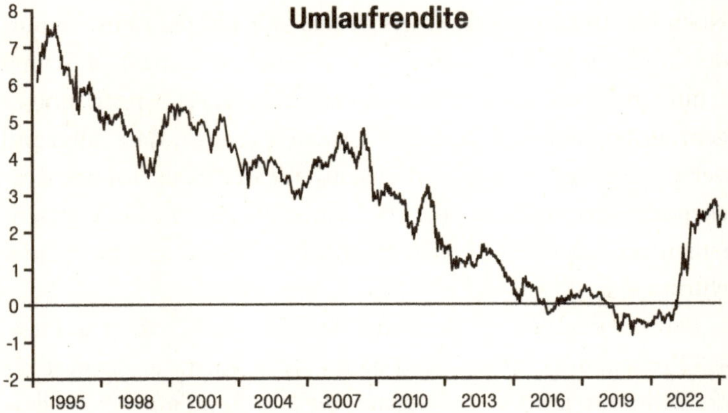

Abb. 2: Umlaufrendite für festverzinsliche Wertpapiere in Deutschland

Und dies hat massive Auswirkungen auf unsere Staatsfinanzen. Konnte sich der Staat bis 2022 noch zu Null- und Minuszinsen und davor zu Niedrigzinsen verschulden, müssen jetzt immer mehr dieser Anleihen zu viel höheren Zinsen umgeschuldet werden. Mit 39,4 Milliarden Euro für das Jahr 2023 sind gleich dreimal mehr Zinsen für die Bundesstaatsschulden zu zahlen als noch ein Jahr zuvor. Die Zinsausgaben der Kommunen stiegen ebenfalls um 40,6 Prozent.[30] Innerhalb von 2 Jahren haben sich die Zinsausgaben des Bundes von 4 Milliarden auf annähernde 40 Milliarden Euro erhöht, also fast verzehnfacht.

Mithin klettern nicht nur die Schulden immer weiter in die Höhe, sondern auch die Zinsausgaben – mit dem Ergebnis eines immer größeren Anteils an Zinslasten für den Bundeshaushalt und entsprechend steigenden Steuern. Mit der stetig zunehmenden Schuldenlast werden sich zwangsläufig auch die Steuern weiter mehren, und wir werden Rekordhalter bei der Steuerlast bleiben.

Sondervermögen und implizite Verschuldung

Doch das ist erst die halbe Wahrheit, denn über die ausgewiesenen Staatsschulden hinaus gibt es noch viel größere Posten, die nicht ausgewiesen werden, nämlich »Sondervermögen« und eine implizite Verschuldung. Der Begriff »Sondervermögen« hört sich positiv an, hat aber mit »Vermögen« gar nichts zu tun, sondern bedeutet ebenfalls Schulden. Sondervermögen sind letztlich Schattenhaushalte – nicht im eigentlichen Haushalt veranschlagte Haushalte, die dafür gedacht sind, dass der Bund Sonderaufgaben stemmen kann. Laut dem Bundesrechnungshof (BRH) gibt es in der Bundesrepublik derzeit 29 Sondervermögen mit einem Volumen von 869 Milliarden Euro. Davon sind 780 Milliarden Euro reine Schulden, ohne als solche gekennzeichnet zu sein.[31]

Aus dieser Sicht erscheint der Schuldenstand des Staates in einem ganz anderen Licht: Während 2023 offiziell nur 45,6 Milliarden Euro als neue Schulden ausgewiesen wurden, waren es, wenn man die Sondervermögen miteinbezieht, in Wirklichkeit 192,8 Milliarden Euro – das sind letztlich 423 Prozent mehr.[32]

Doch es wird noch schlimmer, denn die IG-Metall-Chefin Christiane Benner forderte bis zum Jahr 2030 sage und schreibe ein gigantisches Sondervermögen (also neue Schulden) in Höhe von 500 bis 600 Milliarden Euro. Damit sollen die erneuerbaren Energien und die Wasserstoffwirtschaft aufgebaut werden. Ihrer Meinung nach befindet sich die deutsche Industrie »in der kritischsten Phase seit Gründung der Bundesrepublik«, eine starke Industrie bedeute aber »Wohlstand und stabile Demokratie«. Das Sondervermögen Industrie »müsse ›wasserdicht‹ im Grundgesetz verankert werden«.[33] Als ob man mit neuen Schulden mehr Wohlstand bekommen würde! Schulden müssen mit immer höheren Zinsen bedient werden, und diese Zinsen sind nichts anderes als die Steuern von morgen.

Noch gravierender sind die impliziten Staatsschulden – Schulden, die durch Positionen wie beispielsweise künftige Beamtenpensionen erst später anfallen. Diese implizite Verschuldung lag 2022 bei 330,2 Prozent. Es kommen also horrende Summen zusammen, und wir haben es in Wirklichkeit mit einer weitaus höheren Verschuldung zu tun als ausgewiesen: Die tatsächlichen Schulden liegen, wenn man alles miteinrechnet, bei kaum vorstellbaren 14,4 Billionen und sind damit mehr als fünfmal so hoch wie die offiziell angegebenen Staatsverpflichtungen.[34,35] Um sich diese Zahl besser vorstellen zu können: In einer Billion sind so viele Millionen enthalten wie Millimeter in einem Kilometer.

Richtig brenzlig wird es mit diesem Schuldenberg, wenn eine neue Finanzkrise kommt, denn dann wird es schnell eng mit der Finanzierung. Doch was noch schlimmer ist: Der Staat hat sogar ein Interesse daran, dass für uns die Preise immer weiter steigen.

»Wer glaubt, dass sich die ewige Frage von Krieg und Frieden in Europa nie mehr stellt, könnte sich gewaltig irren. Die Dämonen sind nicht weg, sie schlafen nur.«

Jean-Claude Juncker (*1954), ehemaliger EU-Kommissionspräsident, 2013

Warum der Staat Teuerung und Spekulationsausbeutung unterstützt

Nur wenigen ist klar, dass der Staat an steigenden Preisen und Löhnen sowie einer grassierenden Immobilienspekulation durchaus interessiert ist. Denn mit den Preisen steigen auch die Mehrwertsteuereinnahmen des Staates, mit den Löhnen das Aufkommen aus der Lohnsteuer und mit rasant in die Höhe schnellenden Immobilienpreisen fließt immer mehr Grunderwerbssteuer in die Taschen des Staates.

Daraus erklärt sich, warum der Staat so gut wie nichts unternommen hat, als es nach der Coronakrise zu einer Teuerungswelle durch die Lieferkettenprobleme und nach dem Ukrainekrieg und den ausufernden Kosten für die Energiewende zu Energiepreiserhöhungen kam: All dies war im Sinne der Steuereintreiber, und die Steuereinahmen erreichten neue Rekordmarken.

Besonders deutlich wird dies am Benzinpreis. Auf den Benzinpreis wird eine Energiesteuer von 65,45 Cent erhoben und auf diese Steuer dann noch die Mehrwertsteuer. Das heißt, es wird gleich zweimal versteuert. Steigt also der Benzinpreis, so steigt automatisch der Anteil der Mehrwertsteuer. Da ist es kein Wunder, dass der Staat an sinkenden Energiepreisen gar nicht interessiert ist. Gleiches gilt für alle Preissteigerungen für Produkte, auf welche die Mehrwertsteuer erhoben wird. Laut Vorgaben der Europäischen Union muss die Mindeststeuer nur 34 Cent pro Liter Benzin betragen, wir zahlen jedoch fast mehr als das Doppelte.

Deshalb werden Lohnerhöhungen auch immer in Brutto- und niemals in Nettolöhnen vereinbart. Ein höherer Bruttolohn bedeutet für den Arbeitnehmer, dass er in eine höhere Steuerklasse kommt und mehr Steuern zahlen muss. Das nennt sich »kalte Progression«, und oft werden allein durch diese höhere Versteuerung die höheren Löhne wieder aufgefressen. Aus diesem Grund schaut der Staat auch tatenlos zu, wenn Gewerkschaften in Streiks extrem hohe Lohnforderungen durchsetzen, denn umso kräftiger wird dadurch die Lohnsteuer sprudeln. Der eigentliche Gewinner ist nicht der Arbeitnehmer, sondern der Staat.

Besonders ungerecht ist das deutsche Steuersystem, weil es progressiv ist. Das bedeutet, dass mit der Höhe des Einkommens auch der Prozentsatz steigt, der als Steuer abgezogen wird, und führt in der Praxis dazu, dass zwar jedes Jahr die Bruttolöhne angehoben werden, aber durch die kalte Progression immer weniger Nettolohnzuwachs beim Arbeitnehmer ankommt. Wie sehr diese Progression zu einer höheren Steuerlast führt und die arbeitende Bevölkerung ausbeutet, zeigen folgende Zahlen:[36]

Jahr	durchschnittlicher Bruttolohn[37]	Beginn Spitzensteuersatz[38]
1960	3144 Euro	56263 Euro
1980	15180 Euro	66468 Euro
2000	25118 Euro	58634 Euro
2016	34101 Euro	53666 Euro
2023	42450 Euro	62810 Euro

Daran wird deutlich, dass sich der durchschnittliche Bruttolohn zunehmend dem Betrag annähert, ab dem der Spitzensteuersatz angesetzt wird. Immer größere Anteile des Arbeitseinkommens werden den Menschen durch Steuern entzogen. Die steigenden Bruttolöhne sind schlicht eine Mogelpackung, welche den Arbeitenden nichts bringt.

Noch ungerechter ist die Besteuerung von Spekulation im Vergleich zur Arbeit: Börsenspekulanten zahlen nur 25 Prozent Abgeltungssteuer, während der ehrliche Arbeiter bis fast 50 Prozent begleichen muss. Der Staat ist also mehr an Spekulation als an Arbeit interessiert.

Dasselbe gilt auch für die seit 10 Jahren grassierende Immobilienspekulation, bei der der Staat einfach zugeschaut hat, wie die Immobilienpreise sich in 10 Jahren mehr als verdoppelt haben, ohne dass ein Gleichgewicht mit dem Lohnniveau vorhanden gewesen wäre. Während sich die Nettolöhne von 2010 bis 2022 gerade einmal um 36 Prozent erhöht haben, haben sich im gleichen Zeitraum die Immobilienpreise mehr als verdoppelt. Die Immobilienpreise sind also fast dreimal schneller gestiegen als die Löhne. Und dies hatte wiederum zur Folge, dass es für die Menschen immer schwerer wurde, sich Immobilien zu leisten.

Doch als sich eine regelrechte Immobilienblase herausbildete, unternahm der Staat nichts, zu kräftig sprudelten die Einnahmen aus der Grunderwerbssteuer bei dem spekulativen Treiben mit den Häusern und Wohnungen. Nach Angaben des Statistischen Bundesamtes verdoppelten sich die Einnahmen aus der Grunderwerbssteuer zwischen den Jahren 2014 und 2022 von 4,5 Milliarden Euro auf 9,5 Milliarden Euro. Der Staat hätte dies jedoch jederzeit stoppen können, wenn er etwa dafür gesorgt hätte, dass die Städte und Gemeinden ihr Vorkaufsrecht bei Grundstücksverkäufen durchsetzen, um die Flächen dann günstig in Erbpacht an jene Bewohner abzugeben, welche diese wirklich brauchen.

Genau dies forderte jetzt auch der Präsident des Deutschen Städtetages Markus Lewe, der beim Wohnungsbau »die Gefährdungsstufe Lila, also die höchste«, erreicht sieht. Hintergrund ist, dass die Regierung nicht wie geplant 400 000, sondern nur 250 000 neue Wohnungen pro Jahr erstellen wird, während mittlerweile insgesamt 800 000 fehlen. Lewe verweist auf die Notwendigkeit, »jede Form von Spekulantentum zu verhindern«, und verlangt ein Vorkaufsrecht der Kommunen für Grundstücke und für Schrottimmobilien.[39] Es gibt also sehr wohl Möglichkeiten, der Immobilienspekulation von vornherein einen Riegel vorzuschieben.

Nach den Steuern sind es die ausufernden Sozialabgaben, welche die Bürger immer ärmer machen.

»Je korrupter der Staat, desto mehr Gesetze hat er.«

Publius Cornelius Tacitus (um 58–120 n. Chr.),
römischer Historiker und Politiker, *Annalen*, 110–120 n. Chr.

Sündhaft teurer, aufgeblähter Sozialstaat

In Deutschland fließen über 30 Prozent des gesamten Bruttoinlandsproduktes in das Sozialsystem. Damit liegt Deutschland bei den Sozialausgaben auf Platz 4 im internationalen Vergleich. Sieht man sich aber die Resultate dieser immensen Gelder an, so kommt Deutschland unter den 25 EU-Staaten gerade einmal auf Platz 23.[40]

Während im Jahr 1960 der Anteil des Sozialstaates am BIP gerade einmal bei 18 Prozent gelegen hatte, steigerten sich die Sozialausgaben im Staatshaushalt in den folgenden 40 Jahren um mehr als 1800 Prozent. Jeder dritte Euro muss inzwischen für Sozialleistungen ausgegeben werden. Besonders belastend sind diese extrem ansteigenden Sozialversicherungslasten für diejenigen, welche ohnehin schon ein niedriges Einkommen haben. Während Multimillionäre oder Milliardäre und alle Arten von Neureichen nichts in das Sozialsystem einzahlen müssen, wird jeder Angestellte und Arbeiter dazu zwangsverpflichtet.

Ungerechterweise werden Spitzeneinkommen nach Erreichen der Beitragsbemessungsgrenze für die Kranken- und Rentenversicherung gar nicht mehr herangezogen, was für Vielverdienende im Vergleich zum Normalverdiener kräftige Einsparungen bedeutet. Dazu kommt noch, dass man bei der Einkommenssteuer, wenn zusätzliche Ausgaben wie Fahrtkosten et cetera vorliegen, am Jahresende zu viel bezahlte Steuer zurückerhält, während einmal bezahlte Sozialbeiträge nicht zurückerstattet werden, und zwar unabhängig davon, wie hoch die zusätzlichen Belastungen für den Arbeitnehmer waren.

Doch damit ist die Ungerechtigkeit und Belastung für den Zwangsversicherten noch nicht zu Ende. Dem Arbeitnehmer wird nicht nur ein großer Teil seines Verdienstes vorenthalten, sondern er muss das ihm abgezogene Geld auch noch versteuern, denn die vom Finanzamt anerkannten Freibeträge für Sozialbeiträge decken nur einen Bruchteil der tatsächlichen Belastungen ab. Er wird also gleich zweimal bestraft: Zum einen muss er nahezu 40 Prozent seines Einkommens als Sozialbeitrag abführen, zum anderen muss er dafür auch noch höhere Steuern bezahlen.

Sieht man sich das Grundwesen der Sozialversicherung an, dann ist diese schlicht und einfach eine Sonderabgabe für Geringverdiener, welche Spitzenverdiener und Reiche nicht zu bezahlen haben.

Dabei ist es auch kein Trost, wenn dem Arbeitnehmer versichert wird, dass die Sozialabgaben zur Hälfte vom Arbeitgeber getragen werden müssen. In Wirklichkeit wird in der Kalkulation des Unternehmers der auszuzahlende Lohn von vornherein um die Soziallasten des Arbeitgebers reduziert, sodass die Sozialabgaben über niedrigere Löhne praktisch vollständig vom Arbeitnehmer getragen werden.

Von den 1187 Milliarden Euro im Sozialetat im Jahr 2022 gingen

- 36,4 Prozent in die Alterssicherung,
- 33,4 Prozent in das Gesundheitssystem,
- 11,3 Prozent in Kindergelder,
- 7,2 Prozent in die Invalidität,

- 5,6 Prozent für Hinterbliebene und
- nur 3,3 Prozent in die Arbeitslosensicherung.

Gezahlt werden die Sozialkosten

- zu 31,0 Prozent über die privaten Haushalte,
- zu 27,0 Prozent über die Unternehmen,
- zu 21,7 Prozent durch den Bund und
- zu 18,9 Prozent durch Gemeinden und Länder.[41]

Letztlich müssen also Sie als Privatperson entweder direkt oder indirekt über den Staat beziehungsweise die höheren Unternehmenspreise diese gewaltigen Sozialleistungen finanzieren.

Doch es wird noch schlimmer werden, denn 2024 forderten die Arbeitgeber zu massiven Reformen des Sozialsystems auf, damit verhindert werde, dass der Beitragssatz auf mehr als 50 Prozent ansteigt.[42] Rechnet man die Steuerabgaben hinzu, so bleibt für den Arbeitnehmer kaum noch etwas übrig. Der Großteil des Arbeitslohnes wird ihm einfach weggenommen.

Dabei war der Sozialstaat bei seiner Gründung durch Bismarck nur als Notabsicherung gedacht gewesen und nicht dafür, einen Vollkaskostaat zu schaffen. Ein Sozialstaat führt auch dazu, dass der Einzelne weniger Selbstverantwortung übernimmt, da er ja durch ein weiches soziales Netz aufgefangen wird. Er wird dazu verleitet, es sich in diesem Netz bequem zu machen. Deshalb findet der Großteil der Zuwanderung auch in das Land mit dem am besten ausgestatteten Sozialsystem statt, und bei der Zuwanderung sind wir ja bekanntlich Weltmeister. Letztlich bedeutet ein Sozialstaat, dass Geld von den Arbeitenden zu den nicht Arbeitenden umverteilt wird.

Dies ist nicht nur extrem teuer, sondern auch ungerecht und asozial. Hinzu kommt im Übrigen, dass solche gewaltigen Etats von sich aus dazu neigen, einen großen bürokratischen Wasserkopf zu erzeugen.

Die schlechte Nachricht ist, dass sich der Sozialstaat immer mehr ausbreitet und folglich immer teurer wird. So zeigt eine Untersuchung des ifo Instituts, dass alleine das Rentensystem im Jahr 2050 bereits 60 Prozent des Bundesetats beanspruchen wird.[43] Steuern werden dann überwiegend dafür bezahlt, um überhaupt noch Renten auszahlen zu können. Doch wer gewinnt in diesem ungerechten System?

Superreiche – die lachenden Gewinner

Um diese Frage zu klären, muss man sich nur ansehen, wer an dem Zwangssystem *nicht* teilnimmt, wer also *nicht* gezwungen wird, zugunsten einer zweifelhaften Versicherung auf große Anteile seines Einkommens zu verzichten. Der reiche Anteil der Bevölkerung braucht nicht in das heutige Rentensystem einzuzahlen und kann stattdessen – etwa über Spekulation und das Zinssystem – Kapital aufbauen. Bei den Arbeitern und Angestellten hingegen wird ein guter Teil ihres Verdienstes an die Altersversicherung abgeführt, sodass zum Sparen häufig nichts mehr übrigbleibt. Allein dadurch kommt es langfristig zu einer zunehmenden Vermögensdiskrepanz.

Insgesamt ist das Sozialsystem ein großer Umverteilungsmechanismus von arm zu reich. Da von den Soziallasten nur Arbeitserträge betroffen sind, steht den Geldbesitzern ein viel größerer Betrag ihrer Einkünfte für leistungslose Anlagen zur Verfügung. Während der Großteil der Bevölkerung via Sozialbeiträge für Missstände aufkommen muss, die durch das Schuldensystem verursacht sind, kann eine reiche Minderheit ihre Ersparnisse durch Spekulation vervielfachen.

Nun verhält es sich so, dass ein Großteil der Kosten für das Sozialsystem völlig überzogene Ausgaben für die Krankenkassen sind.

»Unlogik lässt sich eben durch Logik in keiner Weise erschüttern.«

Hoimar von Ditfurth (1921–1989), Wissenschaftsjournalist, Fernsehmoderator und Professor für Psychiatrie und Neurologie, *Das Erbe des Neandertalers*, 1992

Extrem hohe Krankenversicherungs-gebühren bei geringen Leistungen

Obwohl die Einnahmen der privaten und gesetzlichen Krankenversicherungen schon 2021 bei 324 Milliarden Euro lagen, wovon 278,6 Milliarden Euro den gesetzlichen Krankenkassen zuzuordnen waren,[44] sind 2022 die Gesamtkosten für das Krankensystem noch weiter angestiegen, nämlich dem Vorjahr gegenüber um 4,8 Prozent oder 22,6 Milliarden Euro auf 497,7 Milliarden Euro. Das waren 5939 Euro je Einwohner. Damit lagen die Ausgaben für das Gesundheitssystem bei 12,8 Prozent des Bruttoinlandsprodukts, wobei sich der Anteil der öffentlichen Haushalte an diesen Kosten auf 9,7 Prozent belief. Noch im Jahr 2019 waren es nur 4,4 Prozent gewesen.[45]

Fast jeden Tag wird also allein für die Krankenversicherung eine ganze Milliarde Euro benötigt.[46] Doch statt nur eine einzige Krankenversicherung zu haben wie in Österreich, zählt man 2024 in Deutschland sage und schreibe 95 von ihnen. Bei jeder Einzelnen müssen ein teurer Vorstand und der ganze bürokratische Überbau jeweils mitfinanziert werden.

Mit 11,47 Prozent vom Bruttoinlandsprodukt haben wir in Deutschland eines des teuersten Krankenversicherungssysteme in Europa. Zum Vergleich sind es in Österreich nur 10,32 Prozent vom BIP, die dafür aufgewendet werden müssen, in Italien 8,67 Prozent und im reichen Luxemburg sogar nur 5,29 Prozent. Bezieht man die Qualität der Leistungen mit ein, so nimmt Deutschland gerade einmal den 12. Rang ein, während das viel billigere Luxemburg an 7. Stelle steht. Den Spitzenplatz beim

Krankenversicherungssystem nimmt wieder einmal die Schweiz ein.[47]

Experten verweisen schon darauf, dass wir hier hohe Summen für einen Luxuswagen ausgeben, aber nur einen Mittelklassewagen erhalten. In diesen Kontext gehören auch die Medikamentenpreise in Deutschland, mit die teuersten der Welt.

»Und wenn man mit Recht vom Faulen sagt, er töte die Zeit, so muß man von einer Periode, welche ihr Heil auf die öffentlichen Meinungen, das heißt auf die privaten Faulheiten setzt, ernstlich besorgen, daß eine solche Zeit wirklich einmal getötet wird: ich meine, daß sie aus der Geschichte der wahrhaften Befreiung des Lebens gestrichen wird.«

Friedrich Nietzsche (1844–1900), *Unzeitgemäße Betrachtungen*, Teil 3, »Schopenhauer als Erzieher«, 1874

Zweithöchste Medikamentenpreise der Welt

Wie eine Analyse des britischen Healthtechkonzerns Medbelle zeigt, liegen die Preise für Medikamente in Deutschland im Schnitt um 123 Prozent über dem internationalen Durchschnitt. Bei manchen Medikamenten wie dem Asthmapräparat Ventolin sind es sogar 237 Prozent, und hinsichtlich der Preis*steigerung* bei Markenarzneimitteln ganze 421 Prozent. Lediglich in den USA sind Medikamente noch teurer.[48]

Halten wir fest: Wir haben eine starke Pharmaindustrie. Medikamente werden in unserem Land hergestellt, sind dann aber viel teurer als in Ländern, welche diese Medikamente von uns importieren. Oder sie werden billig aus China und Indien eingeführt und hier teuer verkauft.

Kommen wir von den völlig überzogenen Preisen für Medikamente zu einem weiteren Teil der Sozialversicherung – zum Rentensystem, das teuer und extrem ineffizient ist.

»In den demokratischen Republiken geht die Tyrannei anders (als in Despotien) zu Werk; sie geht unmittelbar auf den Geist los. Der Machthaber sagt hier nicht mehr: Du denkst wie ich, oder du stirbst, er sagt: Du hast die Freiheit, nicht zu denken wie ich, aber von dem Tag an bist du ein Fremder unter uns. Du wirst dein Bürgerrecht behalten, aber es wird dir nichts mehr nützen. Du wirst unter Menschen wohnen, aber deine Rechte auf menschlichen Umgang verlieren.«

Alexis de Tocqueville (1805–1859), französischer Publizist, Politiker und Historiker, *De la démocratie en Amérique* (1835/40)

Eines der schlechtesten Rentensysteme

Beim internationalen Vergleich der Rentensysteme liegt Deutschland mit einem Score von 67,9 Punkten beim Global Pension Index gerade einmal auf Platz 17. Vor allem die Nachhaltigkeit, also die Zukunftsfähigkeit des Systems, lässt so sehr zu wünschen übrig, dass das Rentensystem regelrecht gegen die Wand fährt. Spitzenreiter in der Untersuchung ist übrigens Island mit 84,7 Punkten.

Doch noch verheerender sieht es bei der Rentennettoersatzquote – dem Verhältnis der individuellen Rente zum Einkommen vor dem Ruhestand – aus: Hier nehmen wir mit einem Anteil von 70,2 Prozent bezüglich des vorigen Verdienstes lediglich Platz 25 im internationalen Vergleich ein. Ganz vorne spielt die Türkei mit 103,3 Prozent, gefolgt von Brasilien mit über 97 Prozent und den USA mit fast 96 Prozent. Auch vermeintlich »arme« Länder wie Griechenland oder Spanien liegen mit knapp 84 und 82 Prozent weit vor uns. Hinzu kommt, dass wir mit einem Renteneintrittsalter von 67 Jahren zu den weltweiten Negativrekordhaltern gehören. In der Türkei beispielsweise gehen die Männer oft schon mit 52 und die Frauen mit 49 Jahren in Rente.[49]

Mit nur 41,5 Prozent durchschnittlicher Rentenhöhe für Männer im Vergleich zum Durchschnittsverdienst sind wir weit unter den durchschnittlichen 51,8 Prozent der OECD-Länder. Viel bessere Zahlen können Dänemark mit 80 Prozent, Luxemburg mit 76,6 Prozent, Portugal mit 74,9 Prozent, Italien mit 74,6 Prozent und Österreich mit 74,1 Prozent vorweisen.[50]

Für viele Bürger in Deutschland sind die Renten sehr niedrig. Mehr als 1,4 Millionen bekommen trotz 45 Beitragsjahren eine Rente von unter 1250 Euro im Monat. Auch Versicherte mit bis zu 35 Beitragsjahren erhalten ganze 43 Prozent weniger als 1250 Euro Rente,[51] und sogar 42,3 Prozent *aller* Rentner müssen sich mit weniger als diesen monatlichen 1250 Euro arrangieren.[52] Um überhaupt eine Rente zu bekommen, die über dem Sozialhilfeniveau in Deutschland liegt, muss ein Arbeitnehmer im Schnitt ganze 27 Jahre in das Rentensystem einzahlen.[53]

Doch das Rentensystem in Deutschland ist im Vergleich zu anderen Ländern nicht nur ineffizient, sondern auch äußerst ungerecht. Ein Blick ins Nachbarland Österreich macht dies offensichtlich: Dort stehen einem Angestellten mit einem Monatsbruttoeinkommen von 2800 Euro bei Renteneintritt im Jahr 2035 nach Abzug von Sozialabgaben und Steuern über 1800 Euro Rente zu, während es in Deutschland nicht mehr als 1070 Euro sind.[54] Und da das Rentenalter in Österreich früher beginnt, muss für eine Inanspruchnahme auch viel weniger lange gearbeitet werden als in Deutschland mit seinem Renteneintritt von 67 Jahren.

In Österreich müssen gerechterweise auch Beamte in das Rentensystem einzahlen, in Deutschland hingegen sind diese von den Sozialabgaben befreit, bekommen aber eine bis zu dreimal höhere Pension. Überdies erhalten deutsche Beamte 65,5 Prozent ihres letzten Gehalts und damit jenes der letzten Beförderung in die höchste Gehaltsklasse, während Angestellte im Schnitt nur 48 Prozent ihres viel niedrigeren durchschnittlichen Lebensarbeitseinkommens erhalten.[55]

Noch drastischer wird es, wenn man die für die Rente nötigen Arbeitsjahre betrachtet. In Deutschland muss im Schnitt 45 Jahre für die Rente gearbeitet werden – gegenüber 41 Jahren in Frankreich, 40 Jahren in Italien und sogar nur 35 Jahren in Griechenland.[56] Die Benachteiligung der deutschen Erwerbstätigen hinsichtlich der Rente ist ein weiterer Grund dafür, dass sie kein Vermögen bilden können.

Doch selbst diese geringen Renten sollen weiter reduziert werden: So forderte die Wirtschaftsweise Veronika Grimm im November 2023, auch über Kürzungen bei der Rente nachzudenken.[57] Angesichts solcher Aussagen verwundert es nicht, dass nach einer Studie der INSA vom April 2024 ganze 72 Prozent der Befragten der Meinung waren, »dass die Rente auf lange Sicht eher unsicher ist«. Außerdem sprachen sich »83 Prozent der Befragten [...] dafür aus, dass auch Beamte, Freiberufler und Politiker in die allgemeine Rentenversicherung einzahlen« sollten. Und 75 Prozent hielten die Renten in Deutschland für viel zu niedrig.[58]

Halten wir fest: Für die immensen Beträge, welche die Arbeitnehmer in das Rentensystem einzahlen müssen, werden sie mit einer viel zu geringen Rente und einem viel zu hohen Renteneintrittsalter entlohnt beziehungsweise eher bestraft.

Dass das ganze Rentensystem vor dem Scheitern steht, wird an dem Verhältnis von Arbeitnehmern zu Rentnern deutlich. Im Jahr 1960 arbeiteten noch 6 Arbeitnehmer für einen Rentner, 1992 waren es nur noch 2,7 und 2020 1,8 Arbeitnehmer pro Rentner. Für 2023 erwartet man 1,5 und für 2025 1,3 Arbeitnehmer, die für einen Rentner aufkommen müssen.[59]

Das heißt, die Rentenbeiträge werden weiterhin massiv steigen, oder der Staat muss immer mehr Geld in die Rentenkasse geben – Geld, das seinerseits aus steigenden Steuern stammt.

Nach Angaben der Rentenversicherung muss der Staat jetzt schon 84 Milliarden Euro zum Rentensystem dazugeben.[60] Wird diesem Prozess nicht Einhalt geboten, werden im Jahr 2050 60 Prozent der Ausgaben des Bundes nur noch Gelder für die Rentenkasse sein.[61] Doch das ist schlicht nicht mehr finanzierbar, und die Rente ist infrage gestellt.

Dementsprechend hat Arbeitgeberpräsident Rainer Dulger jüngst in *Bild am Sonntag* das Rentenpaket II der Bundesregierung »scharf kritisiert«, es seien weitere Rentenerhöhungen geplant, »obwohl wir vor dem größten Alterungsschub stehen, den es jemals in Deutschland gegeben hat«. Daher müsse dieses Rentenpaket »umgehend gestoppt werden. Es ist unfair und ungerecht, in den nächsten 20 Jahren 500 Milliarden Euro mehr für die Rente auszugeben.«[62] Angesichts der aktuell niedrigsten Geburtenrate der Welt rechnet selbst die Bundesregierung im Jahr 2024 mit Rekordausgaben von 802 Milliarden Euro für die Rente und einer zunehmend erforderlichen Beteiligung des Staates. Die Rentenpleite ist absehbar.

Ein Faktor, warum wir in Deutschland so sehr ausgebeutet werden, ist, dass wir uns das größte demokratisch gewählte und teuerste Parlament der Welt leisten.

Das größte und teuerste Parlament der Welt

Mit über 700 Abgeordneten verfügt Deutschland weltweit über das größte demokratisch gewählte Parlament. Waren es bis 2017 630 Abgeordnete, sind es inzwischen über 700 Politiker, die finanziert werden müssen.

Jeder einzelne von ihnen erhält eine monatliche Entschädigung (Diät) von 9541,74 Euro, zu der eine steuerfreie Kostenpauschale von 4318,38 Euro im Monat hinzukommt. Damit kosten allein die Abgeordneten ganze 118 Millionen Euro im Jahr. Über den engeren Kern der Abgeordneten hinaus gibt es interne Mitarbeiter, die nochmals 20 000 Euro pro Monat und Abgeordneten kosten. Mittlerweile sind es über 4500 an der Zahl, die alle bezahlt werden wollen. Macht in der Summe zusätzliche 170 Millionen Euro pro Jahr für die Mitarbeiter. Hinzu kommen Sonderkosten wie Reisekosten, Büroausstattung oder Sachleistungen, das Übergangsgeld, das bis zu 171 000 Euro pro Abgeordneten betragen kann, und die Pensionsansprüche von 239 Euro pro Monat und Politiker, die bereits nach einem Jahr Plenum gezahlt werden. Die Gesamtkosten für den Bundestag beliefen sich bereits 2017 (!) auf weit über 400 Millionen Euro pro Jahr.[63]

Von 2005 bis 2021 steigerten sich die Mitarbeiterkosten um 170 Prozent. Das sind mit 261 Millionen Euro ein Viertel der Gesamtkosten für den Bundestag, der damit über eine Milliarde Euro pro Jahr kostet.[64] Neuere Zahlen sprechen sogar von 1,2 Milliarden Euro für den Bundestag, denen die Verwaltungskosten für den Bund hinzuzurechnen sind. 2015 lagen diese bei 12,9 Milliarden Euro, 2024 mit 24,3 Milliarden Euro schon doppelt so hoch, und aus 250 000 Mitarbeitern beim Bund wurden bis 2024 300 000.[65]

Dennoch hat einer Analyse der Initiative Neue Soziale Marktwirtschaft zufolge die Ampel seit Regierungsantritt 11 500 neue Beamtenstellen geschaffen. Dies wurde vor allem vom Bund der Steuerzahler kritisiert. »Im Vergleich zu einfachen Angestellten seien Beamtinnen und Beamte besonders teuer, denn das sei man auf Lebenszeit«, sagte Reiner Holznagel, Präsident des Bundes der Steuerzahler. »Nach dem aktiven Ausscheiden aus dem Dienst fällt die Pension, die Gesundheitsversorgung und eine Hinterbliebenenversorgung an. […] Je nach Besoldungsgruppe kostet ein Beamter oder eine Beamtin auf Lebenszeit die Bundesverwaltung zwischen 5–6 Millionen Euro.«[66]

Bei all diesen Beamten fallen natürlich Kosten für Büroräume, Ausstattung und Reisen an, doch Verwaltungs- und Büroräume werden immer teurer. So soll alleine die Erweiterung des Kanzlergebäudes 800 Millionen Euro erfordern. Darin enthalten sind 400 Büros, eine Kantine, eine Kita, neun Wintergärten, eine 250 Quadratmeter große Wohnung für den Kanzler sowie ein Hubschrauberlandeplatz in 23 Metern Höhe. Darüber hinaus sind noch weitere Bauprojekte für 2,1 Milliarden Euro geplant, wobei damit zu rechnen ist, dass veranschlagte Kosten im öffentlichen Bau am Ende meistens auf das Doppelte oder Dreifache hinauslaufen.[67]

Neben den enormen Ausgaben für den Bund sind natürlich jene für die Landtage in den sechzehn Bundesländern mit ihren Ministern und Ministerpräsidenten nicht zu vergessen. Doch nicht nur die Ausgaben für das Parlament belasten uns alle immer mehr, sondern auch die Ausgaben an die Europäische Union liegen auf Rekordniveau.

»Wir beschließen etwas, stellen das dann in den Raum und warten einige Zeit ab, was passiert. Wenn es dann kein großes Geschrei gibt und keine Aufstände, weil die meisten gar nicht begreifen, was da beschlossen wurde, dann machen wir weiter – Schritt für Schritt, bis es kein Zurück mehr gibt.«

Jean-Claude Juncker (*1954),
ehemaliger Vorsitzender der Eurogruppe

Höchste EU-Abgaben

Mit fast 31 Milliarden Euro im Jahr 2022 trägt Deutschland den größten Anteil an Abgaben an die EU, gefolgt von Frankreich und Italien mit nur 24 Milliarden Euro beziehungsweise knapp 17 Milliarden Euro.[68]

Dies gilt auch, wenn man die Nettozahlungen hernimmt, also jene Gelder abzieht, die über Subventionen an Deutschland zurückfließen. So hat Deutschland 2022 19,7 Milliarden Euro mehr in die EU-Kasse eingezahlt, als es bekommen hat. Das macht für jeden Deutschen 237 Euro aus, die er jährlich aufbringen musste, um diese Zahlungen zu finanzieren. Hauptnettoempfänger ist mit 11,9 Milliarden Euro Polen. Pro Kopf erhielt Estland mit 678 Euro am meisten Geld.[69] 2021 hatte Deutschland sogar über 25 Milliarden Euro mehr an die EU gezahlt, als es von dort zurückbekam, und Polen erhielt fast 12 Milliarden Euro mehr, als es einzahlte.[70]

Im Jahr 2017 waren mit 40 Prozent Anteil und fast 59 Milliarden Euro der Großteil der EU-Gelder Agrarsubventionen. Für die Landwirtschaft wurde also mehr Geld aufgewendet als für die Bereiche Sicherheit, Außenpolitik und Wirtschaftsförderung zusammen. Davon erhielt Frankreich fast 10 Milliarden Euro, der größte Zahler Deutschland aber gerade einmal knappe 7 Milliarden.

78 Prozent der Agrarzahlungen werden direkt an die Landwirte ausgeschüttet.[71] Und da die Subventionen je nach Fläche verteilt werden, greifen große Agrarindustriebetriebe den Hauptteil dieser Gelder ab. Es wird also eine Umverteilung

betrieben, welche die ohnehin schon reichen Agrarindustriellen belohnt und die Kleinbauern benachteiligt. Dies führt langfristig zum Aussterben der kleinen und mittelgroßen landwirtschaftlichen Betriebe – und das geht auf Kosten aller in Deutschland. Was der einzelne Landwirt oder Agrarindustrielle konkret an Subventionen erhält, lässt sich direkt im Internet nachsehen: *https://www.agrar-fischerei-zahlungen.de/Suche*

Auch an Baukosten zahlt kaum ein Land mehr als Deutschland.

»Unsere höchsten Einsichten müssen – und sollen! – wie Torheiten, unter Umständen wie Verbrechen klingen, wenn sie unerlaubterweise denen zu Ohren kommen, welche nicht dafür geartet und vorbestimmt sind.«

Friedrich Nietzsche (1844–1900), *Jenseits von Gut und Böse*, Zweites Hauptstück: »Der freie Geist«, 1886

Höchste Baukosten in Europa

Man fragt sich immer, warum sich so wenige Menschen in Deutschland ein eigenes Heim leisten können, denn in kaum einem anderen Land ist die Eigenheimquote so niedrig. Doch die Gründe werden klar, wenn man die Baukosten vergleicht: Nach einer Untersuchung des Immobiliendienstleisters CBRE sind die eigentlichen Baukosten mit 3420 Euro pro Quadratmeter in Deutschland extrem hoch. Besonders der Anteil der Kosten, welche auf den Staat zurückzuführen sind, ist mit 37 Prozent gewaltig. Dazu gehören Grunderwerbsteuer und Umsatzsteuer sowie energetische Anforderungen, technische Baubestimmungen und kommunale Vorschriften wie Baugenehmigungen. In Österreich liegt der Anteil der staatlich induzierten Kosten nur bei 7 Prozent. Und betrachtet man die Bau*neben*kosten – Planungsleistungen, Finanzierungskosten, aber auch Kosten für Gutachten –, so sind diese mit 490 Euro pro Quadratmeter sogar höher als in jedem anderen Land.

Alles in allem ist Deutschland mit 5150 Euro pro Quadratmeter Komplettbaukosten Spitzenreiter in Europa, während unser Nachbarland Österreich zum Vergleich nur 3030 Euro pro Quadratmeter aufweist.[72]

Die Baukosten werden durch die staatliche Gängelung künstlich nach oben getrieben, was den meisten Menschen den Besitz eines Eigenheims verwehrt. Mit 46,7 Prozent Eigenheimbesitzern sind wir Schlusslicht im EU-Raum. Dagegen haben Länder wie Rumänien eine Eigenheimquote von 95 Prozent. In Spanien leben 76 Prozent, in Frankreich 63 Prozent und in Österreich

51 Prozent im eigenen Haus – und im EU-Schnitt knapp 70 Prozent.[73]

Ganz deutlich wird die Ausbeutung der Deutschen beim Strompreis: Da sind wir traurigerweise mit großem Abstand die absoluten Weltmeister.

»Das ständige Denunzieren wird wiederkommen. Das ständige Lügen wird wiederkommen. […] Man wird sie in der Bundesrepublik ein wenig adaptieren, damit sie zu einer freien westlichen Gesellschaft passen. Man wird die Störer auch nicht unbedingt verhaften. Es gibt feinere Möglichkeiten, jemanden unschädlich zu machen. Aber die geheimen Verbote, das Beobachten, der Argwohn, die Angst, das Isolieren und Ausgrenzen, das Brandmarken und Mundtotmachen derer, die sich nicht anpassen – das wird wiederkommen, glaubt mir.«

Bärbel Bohley (1945–2010), Widerstandskämpferin der DDR, ohne Datum

---

Der teuerste Strompreis der Welt

Mit 31,8 Cent pro Kilowattstunde (ct/KWh) haben wir den teuersten Strompreis der Welt, er ist 2,7-mal höher als im internationalen Durchschnitt.[74] Neuere Daten des Statistischen Bundesamtes zeigen sogar, dass der durchschnittliche Strompreis im zweiten Halbjahr 2023 auf über 41 Cent pro Kilowattstunde angestiegen ist und damit weit über dem EU-Durchschnitt von 28,5 Cent pro Kilowattstunde liegt. Wir haben damit den höchsten Strompreis in der EU.[75] In Frankreich beträgt er 18,5 Cent pro Kilowattstunde , also nur gut die Hälfte, in Polen 16,7 Cent pro Kilowattstunde und in Norwegen 12,5 Cent pro Kilowattstunde, das ist etwa ein Drittel dessen, was wir zahlen müssen. Diese Kosten nehmen aber sogar noch zu, wenn zu viel Strom produziert wird, dieser aber bezahlt werden muss, bevor ihn das Ausland von uns abnehmen kann. Und wenn wir dann Dunkelflaute – Windstille und Dunkelheit für die Solaranlagen – haben, müssen wir diesen Strom für sehr viel Geld zurückkaufen.

Ein Teil der Energiewende wird durch die Einspeisevergütung, die EEG-Umlage, finanziert. Diese mussten bis Ende 2022 die Stromkunden mit 6,5 Cent pro Kilowattstunde finanzieren. Ab 2023 wurde sie auf 3,7 Cent pro Kilowattstunde reduziert und vom Staat, also vom Steuerzahler, übernommen. Doch für die Jahre 2022 und 2023 forderten die Netzbetreiber nun satte 7,8 Milliarden Euro zusätzlich, die natürlich wieder vom Steuerzahler beglichen werden müssen.[76]

Hintergrund dieser völlig aus dem Ruder laufenden Stromkosten ist die sogenannte »Energiewende«, welche nach dem

Atomunglück von Fukushima in Japan von der damaligen Bundeskanzlerin Angela Merkel ausgerufen wurde. Diese Energiewende beinhaltet, dass bei uns die Atomkraftwerke komplett abgeschaltet und die Kohlekraftwerke allmählich lahmgelegt werden sollen, um völlig auf regenerative Energiequellen wie Wind und Sonne umzusteigen. Dies geht jedoch technisch nur sehr schwer, da ein herkömmliches Kraftwerk unabhängig von äußeren Einflüssen Energie liefert, während die Sonne genauso unstet ist wie der Wind und damit keine zuverlässige Energiequelle darstellt. Das führt dazu, dass damit die sogenannte »Grundlast« nicht abgedeckt werden kann. Das heißt, man kann nicht sicherstellen, dass zu jeder Zeit der Minimumbetrag an Strom durch Sonne und Wind aufgebracht wird, der benötigt wird, um das Stromnetz aufrechtzuerhalten.

Daraus ergibt sich nicht nur die Gefahr, dass die Strompreise immer mehr durch die Decke gehen, sondern vor allem auch, dass es zu einem sogenannten Blackout kommt. Findet durch eine Dunkelflaute – den gleichzeitigen Ausfall von Sonne und Windenergie – eine Unterdeckung des Strombedarfs statt, so bricht das ganze Stromnetz zusammen. Denn es muss jederzeit so viel Strom vorhanden sein, wie verbraucht wird. Wenn das passiert, kann es Wochen dauern, ein solches Stromnetz wieder hochzufahren, und es kann zu immensen Schäden bis hin zu einem Zusammenbruch der Gesellschaft kommen. Bei einem Blackout fällt nicht nur der Strom aus, sondern auch die Versorgung der Bevölkerung mit Nahrungsmitteln bricht zusammen – mit dem Resultat des totalen Chaos.

Da ist es fast schon lächerlich, wenn Bundeskanzler Olaf Scholz 2023 aufgrund der Energiewende ein »neues Wirtschaftswunder«

in Aussicht stellte. Er sagte nämlich: »Wegen der hohen Investitionen in den Klimaschutz wird Deutschland für einige Zeit Wachstumsraten erzielen können, wie zuletzt in den 1950er und 1960er Jahren geschehen.«[77] Als ob man Wirtschaftswachstum durch immer höhere Kosten erzielen könnte.

Letztlich ist die Energiewende ein sehr teures Projekt, das nicht richtig durchdacht ist und die Strompreise weiter nach oben treibt, mit dem Risiko eines Blackouts, der die ganze Gesellschaft in Mitleidenschaft ziehen könnte.

»Schafe verbringen ihr ganzes Leben damit, sich vor dem Wolf zu fürchten, aber am Ende werden sie vom Hirten geschlachtet.«

Volksweisheit

Hohe Autopreise

Zwar sind wir bei den Autopreisen nicht Weltmeister, aber wenn man berücksichtigt, dass die Fahrzeuge bei uns hergestellt werden und dann im Ausland viel billiger verkauft werden als bei uns, ist das schon erstaunlich. Wie eine Untersuchung ergab, hat beispielsweise ein Audi S6 bei uns einen Listenpreis von etwa 73 000 Euro. In den USA wird das gleiche Auto aber für knapp 56 000 Euro angeboten.[78] Hinzu kommt, dass die Fahrzeuge in den USA meist mit Vollausstattung angeboten werden, während sie bei uns nur in der Grundversion zu haben sind und für die volle Ausstattung noch mehr hingelegt werden muss. Ein weiteres Beispiel: Ein VW Passat wird nach Untersuchungen der Europäischen Kommission in Griechenland um 39 Prozent billiger verkauft als in Deutschland.

Deutsche zahlen für im eigenen Land produzierte Neuwagen die höchsten Preise. Das bestätigt auch eine Vergleichsstudie der EU-Kommission von 2011, nach der die Bürger in Deutschland etwa 7,7 Prozent mehr für Fahrzeuge zahlen als der Durchschnitt der 17 Eurostaaten. So wurde schon damals der VW-Golf in Deutschland für etwa 14 000 Euro Listenpreis angeboten, während er in Finnland nur knapp 12 000 Euro kostete. Beim Ford Fiesta lag der Preis in Deutschland bei knapp 12 000 Euro, in Ungarn nur bei etwa 8500 Euro.[79]

Da wir die höchsten Steuern der Welt bezahlen und die Steuereinnahmen des deutschen Staates auf die 1-Billion-Grenze zugeht, ist es interessant, wofür diese Gelder überhaupt verwendet werden. Dabei ist ein Punkt die sogenannte »Entwicklungshilfe«, die ans Ausland gezahlt wird.

»Unter allen Ständen finden wir Menschen von intellektueller Überlegenheit, und oft ohne alle Gelehrsamkeit. Denn natürlicher Verstand kann fast jeden Grad von Bildung ersetzen, aber keine Bildung den natürlichen Verstand.«

Arthur Schopenhauer (1788–1860), *Die Welt als Wille und Vorstellung*, Zweiter Band, 1844

Deutschland mit der zweithöchsten Entwicklungshilfe der Welt

Kaum bekannt ist, dass Deutschland im Jahr 2023 nach Angaben der OECD mit 32 Milliarden Euro den zweithöchsten Betrag für Entwicklungshilfe weltweit überhaupt geleistet hat. Nur die USA zahlen mit 50 Milliarden Euro noch mehr, Länder wie Großbritannien oder Frankreich aber nur 14 Milliarden Euro pro Jahr, Italien 6 Milliarden und Kanada 7 Milliarden.[80]

Es lohnt sich in unserem Zusammenhang, einige Entwicklungshilfeprojekte im Einzelnen anzusehen und daraufhin zu überprüfen, wie sinnvoll sie tatsächlich sind:

Saubere, bezahlbare und sichere Energie für Südostasien (CASE)	29 950 000,00 Euro
Urban-Act: Integrierte städtische Klimaschutzmaßnahmen für kohlenstoffarme und widerstandsfähige Städte	22 625 000,00 Euro
Die kohlenstoffarme Gebäudewende in Asien (ALCBT)	17 978 439,00 Euro
Umsetzung regionaler und nationaler Anpassungsprioritäten in Zentral- und Westafrika (PACO)	19 632 346,91 Euro
Kommunaler Umweltschutz II	80 515 693,17 Euro
Regionales Programm Umwelt und Klima im Wassersektor	120 655 989,51 Euro
Klimafreundliche ÖPNV-Systeme in Lateinamerika	106 524 721,60 Euro
Nachhaltige urbane Mobilität in ausgewählten Städten Perus	57 975 860,54 Euro

Kommunalfinanzierung	45000000,00 Euro
Kommunale Infrastruktur für Umwelt und Tourismus Tranche A	81212374,10 Euro
Nachhaltige Stadtentwicklung – Smart Cities	164577625,90 Euro
Klima- und umweltfreundliche Stadtentwicklung	149807911,92 Euro
Energieeffizienzprogramm Indien	122748763,98 Euro[81]

Auffällig ist, dass einerseits sehr viel Geld nach Indien geht und andererseits die Projekte sehr allgemein formuliert sind. Es ist anzunehmen, dass ein Großteil der Mittel im korrupten Sumpf der Entwicklungsländer versickern wird. Jedenfalls sind das zum Teil völlig unsinnige Ausgaben, die zum Schaden der Steuerzahler gehen.

Daran sieht man, wie Geld verschwendet wird, für das die Bürger hart arbeiten, während sie selbst auf Vermögen verzichten müssen. Doch mit dieser Umverteilung des Geldes in andere Länder geht auch die Lebensqualität in unserem Land immer mehr verloren. Waren wir früher in den meisten Bereichen ein Vorbild für die ganze Welt, so sind wir jetzt nur noch ein abschreckendes Beispiel, wie sich bei der Deutschen Bundesbahn zeigt.

»Man muss Menschen nicht sofort überzeugen, es reicht, in ihren Köpfen ein kleines gedankliches Samenkorn abzulegen – irgendwann kommt der Tag und die Gelegenheit, an der dieses Korn zu sprießen beginnt.«

Buddha

Die unpünktlichste Eisenbahn Europas

Früher war eine Redewendung gang und gäbe: »Pünktlich wie die deutsche Eisenbahn« hieß es, und das war sie auch. Doch dies ist lange her, und heute ist die Deutsche Bahn nur noch ein Abklatsch von dem, was sie einmal war. Mit nur noch 65,5 Prozent pünktlichen Fernzügen ist die Deutsche Bahn inzwischen einsames Schlusslicht in Europa, keine Eisenbahn ist unpünktlicher als sie.[82]

Der Zustand unserer Eisenbahn wirft ein Licht auf das gesamte Land, in dem wir häufig traurige Rekordhalter sind, wenn es um das Verhältnis von Kosten und Leistung geht. Ebenfalls viel Geld, ohne eine entsprechende Leistung zu erbringen, verlangt uns der verpflichtende Rundfunkbeitrag ab.

»Das Reden von Freiheit anstelle des Gebens von Freiräumen ist ein beliebtes Manipulationsinstrument pseudodemokratischer Diktaturen.«

Rupert Lay (1929–2023), deutscher Philosoph und Theologe

Ungerechter Rundfunkbeitrag

Ein großes Ärgernis ist auch der Rundfunkbeitrag, der für alle gleichermaßen obligatorisch ist. Seit 2013 ist dieser nicht mehr an ein Empfangsgerät gebunden, sondern wird pauschal pro Haushalt erhoben und stellt damit de facto eine »Kopfsteuer« dar, die auch dann beglichen werden muss, wenn man gar keinen Fernseher oder kein Radio besitzt.

220,32 Euro pro Haushalt sind es seit 2021, und dies spült den gesetzlichen Rundfunkbetreibern gewaltige 8,4 Milliarden Euro jährlich in die Kassen. Welche Qualität die Sendungen des öffentlichen Fernsehens und Hörfunks haben oder wie es den Bürgern wirtschaftlich geht, steht dabei nicht infrage.

Dass diese ungerechte Gebühr endlich abgeschafft gehört, in diesem Punkt sind sich die Deutschen einig wie in kaum einem anderen. Fast 70 Prozent bezeichnen die Rundfunkabgabe als unangemessen.[83] Einer Umfrage in Sachsen-Anhalt zufolge lehnen 92 Prozent der Bürger eine Erhöhung des Rundfunkbeitrages ab.[84]

Wie der Bund der Steuerzahler bekannt gab, kostet die Programmminute für einen Fernsehfilm zwischen 15 000 und 18 000 Euro. Im Kernkompetenzbereich Politik und Kultur der öffentlich-rechtlichen Sender, für den diese Rundfunkgebühr überhaupt eingerichtet wurde, kostet die Programmminute lediglich zwischen 2000 und 3000 Euro.[85] Es wird also Geld für Dinge ausgegeben, die gar nicht zum Auftrag der öffentlich-rechtlichen Sender gehören.

Viel Geld aus diesem unerschöpflichen Füllhorn wird auch deshalb verschwendet, weil ähnlich wie bei den vielen Krankenkassen in Deutschland für jeden einzelnen Sender ein eigener bürokratischer Wasserkopf mitfinanziert wird. So bekommen die Chefs der Rundfunkanstalten beispielsweise bis zu 400 000 Euro Gehalt im Jahr.

Hier sorgte vor allem ein Skandal beim Rundfunk Berlin-Brandenburg (rbb) für Aufsehen, denn die ehemalige rbb-Intendantin Patricia Schlesinger soll Beitragsgelder privat verwendet haben. Allerdings wurden alleine für die Aufarbeitung des rbb-Skandals 2 Millionen Euro Beitragsgelder an teure Anwälte gezahlt – das ist mehr Geld, als die Intendantin hinterzogen haben soll. Doch diese hatte nicht nur mehr als das ihr zustehende Gehalt verdient, sondern verlangte nun »auch noch nach ihrem Ausscheiden als Intendantin ein Ruhegeld in Höhe von 18 400 Euro pro Monat«.[86] Und all dieses Geld wird dem Volk über zwanghaft eingetriebene Beitragsgelder aus der Tasche gezogen.

Wie ineffektiv die öffentlich-rechtlichen Sender arbeiten, zeigt, dass sie dreimal mehr Geld ausgeben als die privaten Sender Pro7 und Sat1 zusammen. Allein der Beitragsservice, der die Gelder eintreibt, verschlingt im Jahr 180 Millionen Euro.

Jeder neunte Euro fließt inzwischen in die betriebliche Altersvorsorge der Sendermitarbeiter. Allein im Jahr 2021 wurden bei der ARD 564 Millionen Euro Beitragsgelder in laufende oder künftige Rentengelder gesteckt. Was ARD, ZDF und Deutschlandradio anbetrifft, so kommt eine Untersuchung insgesamt auf einen Bruttoaufwand von fast 3 Milliarden Euro für die Zeit von 2021 bis 2024.[87]

Fazit ist, dass dieser Rundfunkbeitrag eine Zwangskopfsteuer ist, die vom Bürger weder gewünscht ist noch ihm den Nutzen bringt, den er haben sollte. Wieder ein Grund, warum die Deutschen immer mehr verarmen.

Doch nicht nur diese Zwangsgelder beuten uns aus, denn Kosten für quasi alles werden in Deutschland künstlich nach oben getrieben. Ein Beispiel dafür ist die extrem teure LKW-Maut, die in alle Preise miteinfließt.

»Mit dem ersten Glied ist die Kette geschmiedet.
Wenn die erste Rede zensiert,
der erste Gedanke verboten,
die erste Freiheit verweigert wird,
dann sind wir alle unwiderruflich gefesselt.«

Erik Satie (1866–1925), Komponist

Preiserhöhungen durch permanent steigende Lkw-Maut

In Deutschland werden 84 Prozent aller Güter über Lkws transportiert. Für diese Fahrten müssen die Spediteure eine Lkw-Maut entrichten. Doch die ist seit Dezember 2023 um 83 Prozent gestiegen und soll ein halbes Jahr später sogar für Kleinlaster gelten. Damit will der Staat 7,6 Milliarden Euro zusätzliche Einnahmen generieren, begründet wird die Maßnahme offiziell aber mit einer Erhöhung der Kohlendioxid-Maut zugunsten des Klimaschutzes. Viele kleine Spediteure bringt das jedoch an den Rand des Ruins, weil sie die Kosten nur zum Teil an die Kunden weitergeben können.

Konkret wird sich eine solche Mauterhöhung beispielsweise bei den Getränkepreisen zeigen, wo eine Getränkekiste um etwa 50 Cent teurer wird.[88] Schlägt man diese Kosten nun auf alle Produkte um, so wird es zu zahlreichen Verteuerungen und entsprechenden Mehrbelastungen des Verbrauchers kommen. Zum Vergleich wird »die Lkw-Maut in Österreich für einen klassischen Vierzigtonner mit vier Achsen nur um durchschnittlich 7,4 Prozent« erhöht.[89]

Sehen wir uns als nächsten Faktor für die Ausplünderung der deutschen Bürger die ausufernde Bürokratie an, welche viel Geld kostet und die ganze Wirtschaft lähmt.

»Der schlaueste Weg, Menschen passiv und gehorsam zu halten, ist, das Spektrum an akzeptabler Meinung streng zu beschränken, aber eine sehr lebhafte Debatte innerhalb dieses Spektrums zu ermöglichen.«

Noam Chomsky (*1928), US-amerikanischer Sprachwissenschaftler, politischer Publizist und Aktivist, *Die Konsensfabrik. Die politische Ökonomie der Massenmedien*, 1988

Der ausufernde Bürokratieirrsinn

Nach Angaben der Deutschen Industrie- und Handelskammer (DIHK) sind die hohen Energiepreise und der Fachkräftemangel angesichts der unerträglichen Bürokratielast von über 65 Milliarden Euro jährlich nur zweitrangige Probleme für die Wirtschaft. Diese Kosten sind künstlich durch eine aufgeblasene staatliche Bürokratie entstanden. Ein gutes Beispiel dafür ist das Energiewirtschaftsgesetz, das 135 einzelne Meldepflichten vorgibt, wobei es nur ein Gesetz von über 15 000 ist, in dem die für die Energiewirtschaft relevanten Normen verankert sind.[90]

Obwohl man Politiker immer häufiger über »Bürokratieabbau« reden hört, geht sogar der Nationale Normenkontrollrat (NKR) davon aus, dass das Bürokratieentlastungsgesetz (BEG IV) nur eine Entlastung von maximal 850 Millionen Euro bringen, also gerade einmal »1,3 Prozent der 65 Milliarden Euro schweren Bürokratielasten beseitigen« wird.[91]

Eine Untersuchung der Initiative Neue Soziale Marktwirtschaft (INSM) zeigt, dass inzwischen 58 Prozent der befragten Unternehmen in Zukunft keine Investitionen mehr in Deutschland tätigen wollen, was im Vergleich zum Jahr 2018 immerhin eine Steigerung um 14 Prozentpunkte bedeutet. Deutschland schneidet bei diesem Vergleich besonders schlecht bei der Bürokratisierung ab. Zwei Drittel der Unternehmer fühlen sich von zu viel Bürokratie gehemmt – kein Wunder, dass 36 Prozent der Unternehmen erwägen, ins Ausland abzuwandern.[92]

Nicht umsonst kritisierte 2023 Karl Haeusgen, Präsident des Verbands Deutscher Maschinen- und Anlagenbau (VDMA), dass die Politiker »zu sehr an die Kraft der Regulierung und an möglichst engmaschige Gesetze, aber nicht an die unternehmerische Freiheit« glauben. »Eine kleine Gruppe von Regierenden kann aber nicht die besseren Lösungen haben«, also keine besseren als die, welche die Schwarmintelligenz von Unternehmern und Verbrauchern hervorbrächte. Als Beispiel nannte er die Vorschrift, Wärmepumpen einzubauen, und fragt, wie die Politik überhaupt dazu komme, »diese eine Heiztechnologie als die einzig richtige gesetzlich festzulegen«. Haeusgen fügt hinzu: »Die massiven Eingriffe in die Entscheidungsfreiheit des Verbrauchers machen mich fassungslos.«[93]

Auch Siegfried Russwurm, der Präsident des Bundesverbands der Deutschen Industrie (BDI), sprach den notwendigen Abbau der aufgeblasenen Bürokratie an. Es sollte »ein Mindestmaß an Grundvertrauen in die Unternehmen« vorhanden sein, es wäre aber auch sinnvoll, zu kontrollieren, »ob wir die Regeln einhalten. Und dann Sanktionierung derer, die es nicht tun. Aber dass jeder dokumentieren muss, was er richtig macht, das führt uns in einen Bürokratiedschungel.«[94]

Den ganzen Bürokratiewahnsinn könnte man ganz einfach zum Verschwinden bringen, indem man die Menschen wieder so wirtschaften lässt, wie sie es für richtig halten. Und die Steuergesetzgebung könnte man durch die Einführung einer Einheitssteuer drastisch vereinfachen – beispielsweise einer Flat Tax, wie sie in Estland existiert. Dort werden Gewinne aus einem Unternehmen nur mit einfachen 20 Prozent versteuert. Damit ließe sich im Gegensatz zum Hochsteuerland Deutschland, in dem die Finanzbeamten mit dem Bearbeiten der Steuererklärungen gar nicht mehr nachkommen, eine Steuererklärung in einer Minute erledigen.

Ganze 70 Prozent der weltweiten Literatur über Steuern ist in Deutsch verfasst: Besser lässt sich der Drang des deutschen Staates, noch den letzten Euro durch immer mehr Bürokratie aus den Menschen zu pressen, nicht darstellen.

Ebenfalls belastet sind die angeblichen Forschungsausgaben des Staates, zu denen wir nun kommen.

»Du bestimmst und du entscheidest,
welchem Geist du angehörst.
Ob du leise weiter leidest
oder endlich dich empörst.«

aus »Zeit der Wende«, einem Liedtext von
Beate Lambert in Anlehnung an Friedrich Schiller, 2013
(*https://beatelambert.de/zeit-der-wende/*)

Extrem hohe Forschungsausgaben ohne Resultate

2022 sind die Forschungsausgaben gegenüber dem Vorjahr um 7 Prozent auf 121,4 Milliarden Euro angestiegen und haben damit einen neuen Rekordstand erreicht. 2019 lagen sie noch bei 106,6 Milliarden Euro. Mit 36 Prozent entfiel der Großteil der Ausgaben auf die Universitäten.[95]

Ein gutes Beispiel sinnloser Verschwendung ist hier die sogenannte Forschungsförderung. Statt wie alle anderen Bereiche auch den der Wissenschaft und Forschung den Marktgesetzen von Angebot und Nachfrage zu unterwerfen, werden hier lukrative Subventionen an privilegierte Personen vergeben.

Wenigen ist bewusst, dass die privilegierten und verbeamteten Universitätsprofessoren kaum einer Kontrolle darüber unterliegen, was sie mit den reichlichen staatlichen Fördermitteln eigentlich machen. Teilweise werden diese sogar dafür benutzt, um Aufträge der Industrie zu bearbeiten und sich im Zuge dessen dicke »Beraterhonorare« in die eigenen Taschen zu wirtschaften – und das ganz legal. Dabei werden Kleinunternehmer, welche keine Förderung erhalten, an den Rand gedrückt. Der verbeamtete Professor muss für seine Forschungsausstattung weder Strom- oder Personal- noch Kapitalkosten aufbringen und kann folglich alle freien Anbieter im Preis unterbieten und ruinieren.

Weshalb wundert sich eigentlich niemand darüber, dass, von Ausnahmen abgesehen, aus den Universitäten kaum neue Erfindungen kommen – und dies trotz milliardenschwerer Förderung? Außer hochtrabenden Versprechungen über neue Technologien und eine dementsprechend blühende Zukunft geht kaum etwas Brauchbares aus dem Universitätsbereich hervor, während die wirklich bahnbrechenden Entdeckungen oftmals von unbekannten Leuten in der eigenen Garage gemacht werden. Ohne Fördermittel.

Doch was sich wie in diesem Fall gut anhört, bedeutet meistens, dass auf eine nicht sinnvolle Weise Geld angelegt wurde. Der Steuerzahlerbund deckte schon vor Jahren Geldverschwendung in der vermeintlichen Forschungsförderung auf, in der sich zum Schaden der Steuerzahler Wissenschaftler und Politiker gegenseitig Vorteile zuschanzen.

Mit Recht wies der Bund der Steuerzahler darauf hin, dass in den letzten Jahrzehnten gerade in diesem Bereich »ein ausgeklügeltes System aus Verkündigungspolitik, ministerialbürokratischem Filz und Fördermittelbewirtschaftung« entstanden ist, ohne dass die Öffentlichkeit darauf aufmerksam geworden sei. Obwohl die Ausgaben für Forschungsförderung von den Verantwortlichen gerne als besondere Leistung dargestellt werden, wuchs sowohl die Zahl der verbeamteten Forscher, als auch die der »hauptamtlichen Fördermittelbewirtschafter«. Dadurch entstand ein Geflecht aus Ministerialbürokratie und Forschungsszene, welche in großem Stil zu »Mitnahmeeffekten« bei den öffentlichen Geldern führte.[96]

Als Ursache ist die Erfolgsbewertung von Forschungsvorhaben zu nennen. Ein Projekt wird heute als erfolgreich angesehen, wenn die zur Verfügung gestellten Mittel »abgerufen«, also ausgegeben werden, wodurch eine gegenseitige Abhängigkeit von Ministerialbürokratie und Forschungseinrichtungen entstand.

Das System funktioniert darüber, dass Politiker große Steuersummen zur Verfügung stellen, weil sie sich dann mit Forschungsförderung brüsten können. Und das tun sie gerne. Bietet nun ein Wissenschaftler ein interessantes, das heißt publikumswirksames Thema an, in dem Begriffe wie »Bio«, »Nano« oder »Klimaschutz« vorkommen, erhält er etwas von diesen Geldern. Die Politiker können sich damit medienwirksam in Szene setzen, und der beamtete Wissenschaftler hat die Möglichkeit, seinen Ruhm und den Inhalt seines Geldbeutels durch ein sinnloses Projekt zu steigern. Der Misserfolg solcher Forschungsförderung wird allein an der Anzahl der Patentanmeldungen deutlich: Gerade einmal 5 Prozent der jährlichen Patentanmeldungen stammen aus den Hochschulen und öffentlichen Forschungseinrichtungen, obwohl dorthin 61 Prozent der Gelder fließen. Selbstverständlich werden bei dieser Förderung neben den ineffizienten staatlichen Forschungseinrichtungen vor allem Großunternehmen gefördert, welche für die gewünschte Publicity sorgen. Ganze 25 Prozent der Gelder fließen in diesen Sektor. Die kleinen und mittleren Unternehmen, aus denen die tatsächlich brauchbaren Innovationen kommen, müssen sich mit 14 Prozent der Fördermittel zufriedengeben.[97]

Doch dieser Filz zieht sogar noch weitere Kreise, welche den Steuerzahler viel Geld kosten. Wie unabhängige Kontrollen ergaben, wird nämlich in der subventionierten Wissenschaft sehr viel gefälscht und geschönt, um an die lukrativen Forschungsgelder heranzukommen. Deshalb hatte der mehrfach ausgezeichnete Würzburger Biochemiker und Mediziner Ulf Rapp bereits 2001 eine Art »Stiftung Warentest für wissenschaftliche Studien« gefordert, denn allein die Manipulationen, die bisher ans Tageslicht gekommen seien, hätten »gezeigt, dass es ohne Kontrolle offenbar nicht geht«. Rapp war damals Mitglied der Task Force, einer Wissenschaftlergruppe, welche Fälschungsvorwürfe bei wissenschaftlichen Publikationen bewertete. Er stellte fest, dass man bei den untersuchten Fällen »fast immer was gefunden« habe. Durch die manipulierten Daten sollte ein bestimmtes Ergebnis vorgetäuscht werden, um öffentliche Gelder zu erschleichen.[98]

Für den Steuerzahler hat dies mehrfache unangenehme Folgen: Einmal muss der immer teurer werdende Wissenschaftsfilz finanziert werden, zum anderen wird überwiegend in Projekte investiert, welche der Gesellschaft keinen Nutzen bringen. Darüber hinaus werden durch die gefälschten Ergebnisse jene Wissenschaftler, welche ehrliche Forschung betreiben, auf Irrwege gelenkt, die ihrerseits wieder unnötige öffentliche Forschungsgelder nach sich ziehen.

Und bei der Etatvergabe der Forschungsförderung wird Verschwendung nahezu erzwungen. Beispielsweise werden Forschungsetats für ein Jahr vergeben, die dann, wenn diese Beträge aufgebraucht wurden, entsprechend gekürzt werden. So werden die Institutionen quasi dazu genötigt, am Jahresende mit dem noch nicht verbrauchten Geld rasch irgendwelche sinnlosen Geräte anzuschaffen, um den Fördertopf aufzubrauchen.

Noch schlimmer als in der Naturwissenschaft ist die Verschwendung und Selbstbereicherung in der Medizin. Dabei werden über die Medien ständig neue Heilsversprechen bekannt gegeben wie beispielsweise »Der Krebs ist bald besiegt«, welche dann jedoch durch die nüchterne Realität einer steigenden Krankheitsrate schnell wieder verschwinden. Man fragt sich ernsthaft, wo die jahrzehntelangen Subventionen für die Medizin geblieben sind, wenn die Krankheitsraten in fast allen Bereichen deutlich zunehmen. Inzwischen sind gerade im medizinischen Bereich weitreichende Fälschungen bekannt geworden, sodass man wirklich von einer erheblichen Verschwendung von Steuergeldern reden kann.

Die Konsequenz aus diesem Filz muss eindeutig lauten, dass jede Form von Subvention abzuschaffen ist. Wenn besagte berühmte Professoren schon solche Kapazitäten sind, wie sie vorgeben, dann stellt sich die Frage, warum sie auf öffentliche Gelder und einen Beamtensessel angewiesen sind und nicht im freien Wettbewerb bestehen können? Letztlich geht es wohl nicht mehr um wirkliche Forschung, sondern nur noch um Ideologie, die als »gesellschaftsrelevante Wissenschaft und Forschung« ausgegeben wird.

Ähnlich wie bei der Forschungsförderung ist es auch bei den Subventionen, die ganz willkürlich vergeben werden.

»Wenn der Einzelne die Macht, Entscheidungen zu treffen, an den Staat delegiert, muss er davon ausgehen, dass dieser im Interesse von Lobbyisten entscheidet. [...] Politiker hingegen wollen so erscheinen, wie es der Wähler sich wünscht, aber so handeln, wie einflussreiche Kreise es wollen.«

David D. Friedman (*1945), Sohn des Nobelpreisträgers Milton Friedman und Vordenker des Anarchokapitalismus

---

Subventionen: Die Marktwirtschaft wird außer Kraft gesetzt

Eine ähnlich fatale Verzerrung der Vorgänge wie jene durch die Sozialversicherung ergibt sich durch das mittlerweile ausufernde Subventionssystem. Subventionen sind im Grunde nichts anderes als Umverteilungsleistungen, durch welche die freien Marktkräfte von Angebot und Nachfrage außer Kraft gesetzt werden und die selbstregulierende Marktwirtschaft nach und nach in eine Planwirtschaft verwandelt wird, welche am Ende kaum noch den Bedürfnissen gerecht werden kann. Eine solche Planwirtschaft braucht außerdem eine immer größere Anzahl von Beamten und Funktionären, welche über die Verwendung der Gelder entscheiden. Diese Bürokratie wird letztlich immer kostspieliger, und der Zerfall des Staates ist nur eine Frage der Zeit. Dabei meinen die Politiker oft, mit den Subventionen etwas Gutes zu tun, etwa wenn der Wohnungsbau durch staatliche Zuschüsse und Steuererleichterungen gefördert wird.

Doch was häufig übersehen wird, ist das Faktum, dass all diese schönen Geldgeschenke von irgendjemandem bezahlt werden müssen, und da der Staat ohnehin kaum seinen Schuldendienst erfüllen kann, muss genau dieser Geldregen wieder zu neuen Schulden führen.

Diese Subventionen beginnen schon bei unserem Steuerrecht, welches immer komplizierter und undurchschaubarer wird. Bestimmte Geldinvestitionen werden steuerlich bevorzugt behandelt – mit dem Endeffekt, dass die Bürger Dinge finanzieren, in welche sie normalerweise kein Geld stecken würden. Beispiele dafür sind die steuerbegünstigten Investitionen in Geschäftsräume in den Neuen Bundesländern zur Deutschen Einheit, wo inzwischen ein unsinniges Überangebot herrscht.

Wegen der vielfältigen Steuersubventionen kennen heute nicht einmal mehr die Verantwortlichen in der Politik das Gesamtvolumen des Umverteilungstopfes. Niemand kann eine richtige Größenordnung für die Marktverfälschung angeben, da die Subventionen in unterschiedlichster Richtung erfolgen: Zuschüsse, Steuervergünstigungen, Einnahmeverzichte, Bürgschaften, Garantien und Regulierungsmaßnahmen. Ebenso wenig ist die Empfängerseite genau bestimmbar, da sie aus den unterschiedlichsten Gruppierungen besteht. Je nachdem, welche Leistungen eingerechnet werden, kommen die unterschiedlichen Studien zu verschiedenen Ergebnissen: Der Subventionsbericht des Bundes kommt beispielsweise auf eine Summe von 117 Milliarden Deutsche Mark (60 Milliarden Euro) für das Jahr 1998, während die Volkswirtschaftliche Gesamtrechnung nur 80,8 Milliarden Deutsche Mark (41 Milliarden Euro) ausweist. Das Kieler Institut für Weltwirtschaft hingegen gibt für 1998 sogar fast 303 Milliarden Deutsche Mark (155 Milliarden Euro) an.[99]

Insgesamt haben sich die Subventionen laut Subventionsbericht bis zum Jahr 2022 auf 97 Milliarden Euro und bis 2023 auf 208 Milliarden Euro gesteigert. Dabei entfallen über 121 Milliarden Euro auf den neu installierten Wirtschaftsstabilisierungsfonds (WSF), bei dem es um die Gaspreis- und Strompreisbremse ging. Steuervergünstigungen aufgrund von Umsatzsteuerbefreiung für Sozialträger und Krankenhäuser, Entfernungspauschale oder Erbschaftssteuerfreibetrag machten 2022 ganze 75 Milliarden Euro aus.[100]

Dies bedeutet, dass die Steuerzahler für hohe Beträge staatlicher Umverteilung zusätzlich Geld aus ihrer Tasche ziehen müssen, damit privilegierte Gruppen »Hilfen« einstreichen können. Doch wer bestimmt, welche Gruppe Subventionen bekommt und welche nicht? Genau dieselben Leute, die auch über die Verteilung und Höhe der Mittel entscheiden. Und wem werden solche Mittel bevorzugt zugeteilt? Natürlich jenen Personen, die den Entscheidungsträgern ihrerseits Vorteile zuschanzen, oder die ihnen vom Verwandtschaftsgrad her am nächsten stehen. Dabei ist die Gefahr nicht von der Hand zu weisen, dass es nur eine Frage der Zeit ist, bis sich das Subventionssystem in eine Vetternwirtschaft verwandelt und ein Filz aus Interessengruppen und Industrie entsteht – natürlich auf Kosten der Steuerzahler. Hier sei noch einmal an die Forschungsförderung erinnert, welche privilegierte, oftmals ineffizient arbeitende Kreise bekommen, fähigen, unabhängigen Erfindern aber vorenthalten wird.

Wie schnell Subventionen zu einem zweischneidigen Schwert werden, wenn sie einmal wegfallen, dafür ist die seit Jahrzehnten mit Förderungen überschwemmte Stadt Berlin ein gutes Beispiel. Nachdem dort im Zuge der Deutschen Einheit die Subventionen abgeschafft wurden, gingen drei von vier Arbeitsplätzen verloren. Davor waren Arbeitsstellen über Umsatzsteuerpräferenzen und direkte Subventionen mit bis zu 125 000 Euro bezuschusst worden. Dabei gab es Produkte, bei denen die Förderung höher war als die gesamten Produktionskosten. So wurde etwa Kakaomasse als Produkt für Berlin eigens erfunden, um die Förderungen einstreichen zu können. Nachdem diese Marktverfälschung weggefallen ist, sind nach der Deutschen Einheit von einst mehreren Hunderttausend Arbeitsplätzen nur 113 000 Stellen in der Industrie und vierzehn Großbetriebe in der Hauptstadt übriggeblieben.[101] Die Förderungen haben also zu Produktionsweisen geführt, die dem Bedarf nicht entsprachen und unter Marktgesichtspunkten unsinnig waren, für die der Steuerzahler aber jahrzehntelang aufkommen musste.

Ähnlich ist es bei den Subventionen für den Wohnungsbau, mit denen der Erwerb von Wohneigentum erleichtert werden soll. Statt dieses Ziel aber konsequent zu verfolgen, wurde im gleichen Atemzug schon 1997 die Grunderwerbssteuer um 75 Prozent angehoben, sodass der Käufer einer Immobilie schon im Vorfeld finanziell belastet wird. Es wird also eine Förderung gewährt, die durch die Steuer wieder vernichtet wird.[102] Wie wir gesehen haben, sind ganze 37 Prozent der Baukosten in Deutschland Kosten, die durch den Staat verursacht werden. Doch statt diese abzubauen, setzt man auf Subventionen für den Wohnungsbau.

Und auch beim Wohngeld herrschen vergleichbare Missstände. So hat eine Familie mit zwei Kindern Anspruch auf Wohngeld. Statt die Familie aber direkt durch niedrige Steuern zu fördern, wird der bürokratische Umweg über die Mietsubvention gewählt. Dabei bringt dieses Wohngeld dem Wohnungsmarkt gar keine Entspannung, sondern fördert das weitere Ansteigen der Mietpreise, da diese Subvention es dem Vermieter erlaubt, die Miete zu erhöhen. Wohngeld ist ein Geschenk für den Vermieter. Viel sinnvoller wäre es, das Geld direkt in den Wohnungsneubau zu stecken, was das Angebot an Wohnungen erhöhen und damit die Mieten direkt senken würde.

Die künstlichen Finanzspritzen führen nicht einmal, wie es eigentlich gedacht war, zu einem besseren Funktionieren des Marktes, sondern das Gegenteil ist der Fall.

Am bekanntesten ist die Subventionsmisere der Europäischen Union. Etwa die Hälfte (nach manchen Berechnungen bis zu 60 Prozent) des ganzen EU-Haushaltes wird nur für Agrarsubventionen vereinnahmt, wobei das Geld durch Programme und Maßnahmen verschwendet wird, die sich teilweise gegenseitig aufheben. So wird beispielsweise der Tabakanbau gefördert und gleichzeitig eine Kampagne gegen das Rauchen gestartet. Oder die Subventionen sind so gestaltet, dass der Bauer nur dann Gewinne machen kann, wenn er seine Produktion ständig steigert. Dies führt zu Überschüssen, welche wieder mit Haushaltsmitteln aufgekauft werden und teuer vernichtet oder wieder subventioniert auf dem Weltmarkt verschleudert werden müssen.[103]

Subventionen sind auch eine Entmündigung des Bürgers. Statt es der Bevölkerung zu überlassen, worin sie ihr Geld investiert oder nicht, nimmt der Staat Schulden auf, für deren Zinsen Erstere wieder mit höheren Steuern belastet wird, und verteilt Geld willkürlich an bestimmte Gruppen. Damit wird letztendlich behauptet, dass die Politiker und Beamten besser als die Bürger darüber entscheiden könnten, wofür Geld verwendet wird oder nicht. Deshalb bedeutet jede Subvention Freiheitsverlust, Zwang, Willkür und höhere Steuern.

Häufig dienen die Finanzhilfen auch dazu, um in der Krise befindliche Wirtschaftsbranchen vor dem Untergang zu bewahren.

Subventionen – Sozialhilfe für Unternehmer

Solche Subventionen kann man auch als »Sozialhilfe für Unternehmer« bezeichnen. So wie dem schuldlos gescheiterten Menschen mit Sozialhilfe unter die Arme gegriffen wird, werden heute durch Subventionen Industriebereiche unterstützt, die im aktuellen Marktumfeld sonst nicht mehr existieren könnten. Was sich anfangs gut und wohlwollend anhört, verkehrt sich in der Realität schnell ins Gegenteil, wenn die Gesellschaft in privilegierte und nicht privilegierte Kreise aufgespalten wird und ein Unternehmer aufgrund von Subventionen andere Wettbewerber, die nicht reich mit Finanzmitteln versorgt sind, aus dem Markt drängen kann. So erhielt beispielsweise im Herbst 1999 der Baukonzern Holzmann AG staatliche Gelder und Zusicherungen, um einen Bankrott zu verhindern. Doch genau dieser Konzern hatte in der Vergangenheit Kleinunternehmer durch aggressive Marktpolitik aus dem Wettbewerb gedrängt und in den Bankrott getrieben. Man sieht also: Subventionen fördern zuallererst diejenigen, welche bereits einen großen Markteinfluss besitzen, da diese bedeutend mehr Macht auf die Geldvergabe geltend machen können.

Ein gutes Beispiel dafür sind auch die regenerativen Energiequellen Windkraft und Solar: Sie sind nur wirtschaftlich, weil sie hoch subventioniert werden. Dafür, dass Wenige sich die Taschen füllen, wird der Strom- und damit der Steuerzahler zur Kasse gebeten.

Deshalb kann die Forderung nur lauten: Abschaffung aller Subventionen – Gerechtigkeit heißt Abschaffung aller Privilegien!

Damit kommen wir auch schon zum nächsten Punkt, dem erodierenden Rechtssystem, das dazu führt, dass angesichts der herrschenden Rekordwohnungsnot immer mehr Menschen ihre Wohnungen verlieren.

»Die größte Verwundbarkeit ist die Unwissenheit.«

Sunzi (um 544–496 v. Chr.), chinesischer Militärstratege,
Die Kunst des Krieges

Erodierendes Rechtssystem – abgeschaffter Mieterschutz

Auch unser Rechtsystem erodiert immer weiter. Ein Beispiel: Obwohl im Gegensatz zu anderen Ländern die meisten Menschen hierzulande Mieter sind und kein Eigenheim besitzen, verlieren immer mehr Deutsche ihre Mietwohnung und damit ihr Dach über dem Kopf. Das liegt daran, dass die Justiz durch das Verfassungsgericht und den Bundesgerichtshof den einst guten Mieterschutz aufgeweicht hat und der Gesetzgeber untätig zusieht.

War es früher schwer, einen Mieter aus seiner Wohnung zu bekommen, so ist dies heute für den Vermieter ein Leichtes, weil die Anforderungen für eine sogenannte Eigenbedarfskündigung aufgeweicht wurden. Es genügt, wenn ein Vermieter behauptet, ein Angehöriger würde die Mietwohnung brauchen, und schon verliert der Mieter seine oft schon lange bewohnte Wohnung. Schätzungen gehen davon aus, dass 40–60 Prozent solcher Eigenbedarfskündigungen schlicht gefälscht sind und nur als Vorwand benutzt werden, um einen Mieter aus der Wohnung herauszuklagen.[104]

Wie massiv diese Eigenbedarfskündigungen zunehmen, zeigen die Zahlen. Im Münchener Mieterverein wurden 2018 beispielsweise 880 Mitglieder wegen einer Eigenbedarfskündigung beraten, das waren doppelt so viele wie noch ein Jahr zuvor. Ähnlich in Frankfurt, wo es in demselben Jahr 650 Beratungen gab im Gegensatz zu 250 im Vorjahr. Oft genügt es, wenn angeblich entfernte Verwandte oder ein Au-pair-Mädchen einziehen wollen oder aber die Wohnung für gelegentliche Opernbesuche benutzt werden soll. Selbst Schwerbehinderte und Rentner werden gnadenlos auf die Straße gesetzt.[105] Allein im Jahr 2018 vermeldete der Deutsche Mieterbund etwa 80 000 Eigenbedarfskündigungen.

Der Hintergrund für dieses Problem ist, dass gutverdienende Richter oft selbst Vermieter sind und schon aus Eigeninteresse das Mietrecht mit ihren Urteilen aufweichen. Zudem ist der Mieter in der Beweispflicht und muss die Vortäuschung des Eigenbedarfs beweisen, was meist nicht möglich ist. Nach dem Auszug des Mieters darf der Vermieter die Wohnung für unbegrenzte Zeit leer stehen lassen, und wenn diese später doch weitervermietet wird, reicht die Behauptung, der Angehörige hätte es sich eben anders überlegt. Es muss nur zum Zeitpunkt der Kündigung das Interesse des Angehörigen an der Wohnung vorgelegen haben. Früher war eine Eigenbedarfskündigung nach Bezug der Wohnung für längere Zeit ausgeschlossen, jetzt kann sofort und ohne angemessene Frist gekündigt werden. Von den Gerichten abgesegnet, öffnet solches Gebaren natürlich Tür und Tor für Betrug.

Während gegen die eigenen Bürger in der Justiz gnadenlos durchgegriffen wird, geht man gegen Schwerverbrecher – vor allem aus der Wirtschaft – eher halbherzig vor. Die Cum-Ex-Chefermittlerin in Sachen Steuerbetrug, Anne Brorhilker, legte im Frühjahr 2024 ihr Amt nieder. Sie sagte, dass sie empört darüber sei, wie in Deutschland Finanzkriminalität verfolgt werde. »Da geht es oft um Täter mit viel Geld und guten Kontakten, und die treffen auf eine schwach aufgestellte Justiz.« Zudem könnten sich Beschuldigte »oft aus Verfahren herauskaufen, wenn etwa Verfahren gegen Geldbuße eingestellt würden«.[106]

Doch kommen wir jetzt zum nächsten großen Kostenposten, der uns das Geld raubt. Ein Grund, warum die Deutschen zu den Ärmsten in Europa zählen, sind die gewaltigen Kosten, welche uns durch den sogenannten »Klimaschutz« aufgehalst werden.

»Ein Mensch wird ›Pessimist‹ geschmäht,
der düster in die Zukunft späht.
Doch scheint dies Urteil wohl zu hart:
Die Zukunft ist's, die düster starrt.«

Eugen Roth (1895–1976), *Der letzte Mensch*, 1964.

Extrem teurer »Klimaschutz«

Deutschland hat sich international dazu verpflichtet, zum Klimaschutz beizutragen, und kein Land ist so erpicht darauf, diese Ziele auch zu erreichen, koste es, was es wolle.

Ob es jedoch sinnvoll ist, dass gerade das kleine Deutschland unter allen Ländern den größten Aufwand treibt, ist mehr als fraglich. Dabei lag Deutschland mit 679 Millionen Tonnen Kohlendioxid im Jahr 2021 nach Angaben des Umweltbundesamtes gerade einmal bei 1,8 Prozent und 2022 nur noch bei 1,46 Prozent des weltweiten Kohlendioxidausstoßes.[107] Zum Vergleich waren es in China 2021 11 336 Millionen Tonnen (das 15-Fache von Deutschland), in den USA 5032 Millionen Tonnen (das 6,6-Fache von Deutschland) und in Indien 2674 Millionen Tonnen (das 3,5-Fache von Deutschland). Angesichts solcher Zahlen fällt der Anteil Deutschlands überhaupt nicht ins Gewicht.[108] Und niemand würde auf die Idee kommen, China, die USA oder Indien sollten ihre Wirtschaft auf den Kopf stellen, um den Kohlendioxidausstoß zu reduzieren, sie – allen voran China – denken gar nicht daran, irgendetwas zu ändern.

Selbst wenn Deutschland sich komplett deindustrialisiert und die Energieerzeugung auf erneuerbare Energien umstellt, wird das also für den Klimaschutz gar keine Konsequenzen haben, da die Hauptemittenten weiterhin Unmengen von Kohlendioxid in die Luft blasen.

Doch dieser in der Welt einmalige Klimaschutz kommt uns äußerst teuer zu stehen und trägt zur weiteren Verarmung der deutschen Bevölkerung bei. Wenn bis 2050 laut Planung 80–95 Prozent weniger Klimagase als 1990 ausgestoßen werden sollen, wird uns dies (bis 2050) 3000 Milliarden Euro kosten.[109] Nach neuen Studien könnte allein die Energiewende zwischen den Jahren 2024 und 2045 in Deutschland Kosten von über 1100 Milliarden Euro verursachen. Dabei macht die Umstrukturierung des Stromnetzes fast eine halbe Billion Euro aus, und für den Ausbau der erneuerbaren Energien werden nochmals 440 Milliarden Euro hinzukommen.[110]

Dazu addieren sich außerdem die Kosten für die zwangsweise Wärmedämmung von Gebäuden. Nach einer Studie des Wirtschaftsforschungsinstituts Prognos sind bis zum Jahr 2050 Wärmedämminvestitionen von insgesamt 838 Milliarden Euro nötig, wodurch aber nur 370 Milliarden Euro an Energiekosten eingespart werden. Für die Hausbesitzer entsteht also ein Verlust von 468 Milliarden Euro. Überdies sind Wärmedämmungen oft schon nach 20 Jahren defekt und müssen für viel Geld erneuert werden,[111] von dem schlechten Wohnklima und der Schimmelbildung im Gebäude sowie der Algenbildung an der Außenhaut ganz zu schweigen.

Der nächste große Kostenfaktor ist die geplante Umstellung der Hausheizungen auf nachhaltige Systeme. Nach dem Gebäudeenergiegesetz soll jede neu eingebaute Heizung bis 2025 zu 65 Prozent mit regenerativen Energiequellen betrieben werden. Diese Vorgabe wurde 2023 dann vorgezogen und verkündet, schon ab 2024 sei der Einbau von Öl- und Gasheizungen verboten. Geht also die alte Heizung kaputt, so muss auf ein anderes System umgestellt werden, was mit hohen Kosten verbunden ist. Nach heftigen Protesten wurde verkündet, dass die Heizungsaustauschpflicht erst dann gilt, wenn eine kommunale Wärmeplanung vorliegt, was aber bis spätestens 2028 der Fall sein soll.[112] Demnach sollen gut funktionierende moderne Heizungen zwangsweise ausgetauscht werden, nur um fragwürdige Klimaziele zu erreichen. Erstere werden dann oft in Staaten wie Rumänien weiterbetrieben. Bedenkt man dazu die Umweltbelastung, die durch die unnötige Neuproduktion der Heizsysteme entsteht, so kann von Klimaschutz wirklich keine Rede mehr sein. Das Wirtschaftsministerium konnte nicht einmal darlegen, wie viel Kohlendioxid eigentlich durch solche Maßnahmen eingespart werden soll, und Angaben im Gebäudeenergiegesetz gibt es dazu keine.

Doch es geht noch weiter. Da auch das Gas möglichst bald abgedreht werden soll, wollen die ersten Städte ihr Gasnetz abstellen. So plant die Stadt Augsburg bereits bis zum Jahr 2035, ihr Gasnetz komplett stillzulegen – 10 Jahre früher als vorgeschrieben.[113] Obwohl jahrelang für die Gasheizung geworben wurde und die Bürger dazu gedrängt wurden, sich an das Gasnetz anzuschließen, wird dieses Gasnetz kurzfristig stillgelegt – mit hohen Kosten für Steuerzahler und Bürger.

Das E-Auto – ein Spielzeug für die Reichen

Ein weiterer Kostenfaktor ist die Umstellung des Verkehrs auf Elektroautos. Hier gab es bis zum Jahr 2023 eine üppige Förderung, die für den Steuerzahler aber teuer werden wird. Dabei zeigt eine Studie, dass die Gesamtkosten zur Vermeidung von Kohlendioxidemissionen die Schwelle von 1000 Euro pro Tonne verhinderte Kohlendioxidemission übersteigen, während sie im europäischen Emissionshandel lediglich bei 50 Euro pro Tonne liegen. Mit der staatlichen E-Auto-Förderung wird die Kohlendioxidvermeidung also immens teuer. In der gesamten Nutzungsdauer eines E-Mittelklassewagens kommt es zu einer Belastung für den Staat durch Prämien und Steuerausfälle bei der Kfz- und Benzinsteuer von bis zu 15 000 Euro, welche letztlich alle Steuerzahler tragen müssen.[114] Die Förderung von E-Autos hat den Staat von 2016 bis 2021 4,6 Milliarden Euro gekostet und kam »vor allem bereits Wohlhabenden zugute«, wie Experten kritisieren.[115]

Doch auch der Umweltgesichtspunkt ist mehr als fraglich, denn laut einer Studie des Vereins Deutscher Ingenieure schadet vor allem die Batterieproduktion der Umwelt. Das führt dazu, dass überhaupt erst ab knapp 100 000 Kilometern die Umweltbilanz für das E-Auto im Vergleich zum Verbrennerauto ausgeglichen ist.[116] Der Autospezialist, Ingenieur und Fahrzeugentwickler Professor Fritz Indra wies bereits darauf hin, dass das E-Auto keinen Beitrag zum Klimaschutz leistet.[117] Er nannte E-Autos sogar »Spielzeug für die Reichen« und weist darauf hin, dass die Batterien der E-Autos nach 6–7 Jahren kaum noch etwas wert sind, weil sie permanent an Leistung verlieren, und der Preis einer neuen Batterie den Zeitwert des Autos übersteigt.

Kurzum: Die Förderung von E-Autos ist nicht nur umwelttechnisch fragwürdig, sondern hat auch Staatskasse und Bürger unnötig belastet. Letztlich führt diese Art von Klimapolitik zu einer Deindustrialisierung Deutschlands.

Die Klimapolitik führt zur Deindustrialisierung Deutschlands

Doch da stellt sich die Frage, warum das kleine Deutschland mit einem internationalen Kohlendioxidausstoß unter 2 Prozent einen solchen Aufwand treibt, der zudem auch im Ganzen gesehen sinnlos ist. Es wurde schon der Verdacht geäußert, dass diese Klimapolitik in Wirklichkeit ein Wirtschaftskrieg ist, um Deutschland als Industrienation aus dem Markt zu fegen. So zitiert ein Artikel im *Focus* einen chinesischen Chemieunternehmer: »Wir machen die Deutschen mit ihrer grünen Klimanaivität jetzt fertig.«[118]

Nach wie vor erzeugt China Strom zu 60 Prozent mit umweltschädlichen Kohlekraftwerken. 200 neue Kohlekraftwerke sind im Bau, 153 stillgelegte Kohlegruben wurden reaktiviert. Klimaprotest in China ist verboten. Nach Angaben des Global Energy Monitors brachte China 2020 neue Kohlekraftwerke mit einer Leistung von 38,4 Gigawatt ans Netz, die dreimal so hoch ist wie die des gesamten Restes der Welt. Und 2021 wurden 4 Milliarden Tonnen Kohle gefördert – ebenfalls ein Rekord. Aufgrund unserer Klimapolitik ist der hiesige Strom inzwischen viermal so teuer wie in China, da kann die Industrie nicht mehr mithalten und wandert ab. Während wir aus der günstigen Kohle aussteigen, steigt China massiv ins Kohlegeschäft ein.[119] In Deutschland ist der Prozess der Deindustrialisierung eingeläutet.

Doch kommen wir jetzt zu einem der am häufigsten übersehenen und uns am meisten belastenden Problemfelder: dem Euro. Denn der ist ein Hauptgrund für die Verarmung Deutschlands. Seit der Einführung des Euro geht es mit Deutschland immer weiter bergab, und das hat seine Gründe.

»Maastricht [= die Euroeinführung], das ist Versailles ohne Krieg.«

Le Figaro, »Die Euro-Katastrophe«, 1998

Der Euro – die Ausbeutung Deutschlands

Dass wir heute apropos Vermögen zu den Ärmsten in Europa zählen, hat nicht zuletzt etwas mit der Einführung des Euro zu tun. Bevor der Euro eingeführt wurde, war unsere Leistungsbilanz nahezu ausgeglichen, das heißt Importe und Exporte hielten sich die Waage.

Abb. 3: Leistungsbilanz von Deutschland

Doch mit der Einführung des Euro änderte sich dies, und der Export nahm überhand. 2016 wurden sogar 8,6 Prozent Handels-

beziehungsweise Leistungsbilanzüberschuss zum Bruttoinlandsprodukt erreicht. Ursache für diesen Handelsbilanzüberschuss ist die Einführung des Euro, für den ein viel zu niedriger Wechselkurs zur damaligen D-Mark festgelegt wurde. Folglich verteuerten sich die Importe und verbilligten sich die Exporte – und unser Vermögen wurde entwertet.

Das Ergebnis ist katastrophal, denn seither haben wir eine extrem unausgeglichene Handelsbilanz und exportieren viel mehr, als wir importieren. Die EU hat dies schon mehrfach angemahnt und betont, dass ein Leistungsbilanzüberschuss von über 6 Prozent nicht tragbar sei. Denn ein Handelsbilanzüberschuss bei uns bedeutet für andere Länder automatisch ein Handelsbilanzdefizit. Und da dieses Defizit durch eine zunehmende Verschuldung im Ausland finanziert werden muss, rutscht das Ausland immer mehr in die Schuldenfalle.

Auch für uns ist dieser Handelsbilanzüberschuss keineswegs etwas Gutes, weil dadurch eine extreme Abhängigkeit von Exporten erzeugt wird. Das Defizit des Auslands läuft zwar als Verbindlichkeiten auf, wird aber nicht effektiv bezahlt, und dieses Kapital fehlt dann im Inland. Diese Verbindlichkeiten haben inzwischen deutlich die 3-Billionen-Grenze überschritten. 3000 Milliarden Euro fehlen in Deutschland seit der Euroeinführung– um 3000 Milliarden Euro wurden wir ärmer!

Nicht umsonst ist eine ausgeglichene Handelsbilanz im Stabilitätsgesetz von 1967, dem Gesetz zur Förderung der Stabilität und des Wachstums der Wirtschaft, für jede deutsche Regierung verbindlich festgelegt. Doch daran hält man sich nicht mehr, weil die Einführung des Euro uns regelrecht ausbluten lässt:

Durch unbezahlte Exporte – den Export unseres Wohlstands – fließt permanent Geld aus Deutschland ab.

»Europa ist nur eine dämliche Idee, die sich in einen schlechten Traum verwandelt hat, aus dem wir vielleicht erwachen sollten.«

Michel Houellebecq (*1956), *Ein bisschen schlechter*, 2020

Target2-Salden – Deutschland als Zahlmeister Europas

Woran man die aus dem Gleichgewicht geratene deutsche Zahlungsbilanz sehr gut erkennen kann, ist das sogenannte Target2-System. Dabei handelt es sich um eine Einrichtung zur Abwicklung von Überweisungen zwischen den Ländern des Euroraums, in der die Europäische Zentralbank (EZB) als Clearingstelle zwischen den Notenbanken der Euro-Länder agiert.

Seit der Finanzkrise 2008 haben wir einen positiven Target2-Saldo bei der Deutschen Bundesbank. Das bedeutet, dass die Notenbanken der anderen Euroländer sich bei der Deutschen Bundesbank verschulden und die Überweisungen nicht mehr ausgleichen, und das hat eine zunehmende Verschuldung der anderen Notenbanken bei der Deutschen Bundesbank zur Folge.

Diese Schulden bei der Bundesbank wuchsen seit der Finanzkrise 2008 immer weiter an. Länder wie Italien oder Spanien kauften zwar kräftig Waren aus Deutschland, doch die Notenbanken dieser Länder überwiesen das fällige Geld nicht an die Deutsche Bundesbank. Nach einem Rekordhoch von 1269 Milliarden Euro im Dezember 2022[120] erreichten sie Ende April 2024 einen Stand von rund 1048 Milliarden Euro.[121]

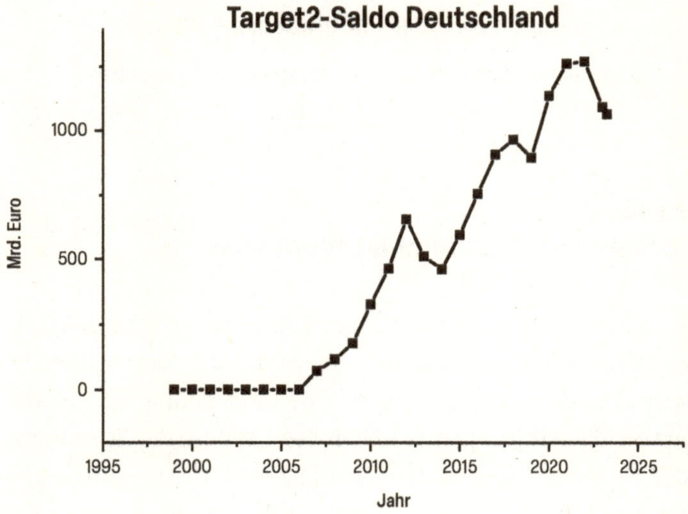

Abb. 4: Target-Saldo

Während Deutschland Verbindlichkeiten von 1048 Milliarden Euro hat, haben andere Länder den Vorteil, bei uns Waren kaufen zu können, ohne zu bezahlen:

Target2-Salden der Länder des Eurosystems im Februar 2024

Italien	– 466,54 Milliarden Euro
Spanien	– 390,8 Milliarden Euro

Frankreich	– 170,22 Milliarden Euro
Griechenland	– 109,89 Milliarden Euro
Österreich	– 61,3 Milliarden Euro
Portugal	– 50,76 Milliarden Euro
Slowakei	– 8,55 Milliarden Euro
Lettland	– 8,43 Milliarden Euro[122]

Die Tabelle zeigt nicht nur, wie wir unseren Wohlstand exportieren, indem wir Waren liefern, die nicht bezahlt werden, sondern auch noch eine weitere Gefahr. Denn bei der nächsten Eurokrise wird sich die finanzielle Situation der Euro-Südländer Italien, Griechenland, Spanien und Portugal verschlechtern, und das eine oder andere dieser Länder droht die Zahlungsunfähigkeit und damit den Staatsbankrott zu erklären.

Genau dann kommt die Haftung der Deutschen Bundesbank zum Tragen, und der aufgelaufene, notleidend gewordene Saldo muss vom deutschen Steuerzahler beglichen werden. Würden mehrere Euro-Südländer gleichzeitig zahlungsunfähig werden, wäre es denkbar, dass deren Pleiten zu einem unmittelbaren Staatsbankrott Deutschlands führen. Die Haftungssumme, die sich aus der Höhe der Target2-Salden dieser Länder bei der Bundesbank ergibt, könnte rasch die Zahlungsfähigkeit Deutschlands übersteigen.

Überdies würde dann der Europäische Stabilitätsmechanismus aktiviert, der weitere von Deutschland übernommene Garantien für das Eurosystem vorsieht. Diese würden die Zahlungsfähigkeit noch weiter belasten.

Um es nochmals klarzumachen: Über den Euro blutet unser Land regelrecht aus. Wir exportieren Waren, die nicht bezahlt werden, und dieses Geld fehlt bei uns. Da wundert es nicht, dass die Bewohner von Italien oder Spanien plötzlich mehr Vermögen haben als die Deutschlands, obwohl deren Wertschöpfung viel kleiner ist.

»Unterschätze niemals die Macht der menschlichen Dummheit.«

Robert Anson Heinlein (1907–1988), Meister der US-amerikanischen Science-Fiction-Literatur, *Time Enough for Love*, 1978

Trauriger Weltmeister Deutschland: Die niedrigste Geburtenrate der Welt

Da kommen wir auch gleich zum nächsten Problem: Nicht nur das finanzielle Ausbluten stellt unsere Zukunft in Frage, sondern wir haben die niedrigste Geburtenrate der Welt und sterben schlichtweg aus. Während es vor 50 Jahren noch normal war, dass Familien Kinder hatten, ist dies im Zuge vieler moderner Entwicklungen, etwa der Einführung von Verhütungsmitteln sowie feministischer Forderungen, unmodern geworden.

Es wird immer wieder der Fehler gemacht, die Geburtenrate in Hinsicht darauf zu betrachten, wie viele Kinder eine Frau durchschnittlich bekommt. Doch diese Zahl sagt wenig darüber aus, wie viele Kinder insgesamt geboren werden. Das erfährt man nur, wenn man die Anzahl Geburten pro 1000 Einwohner ermittelt.

Eine Studie des Hamburger Weltwirtschaftsinstituts ergab, dass Deutschland die niedrigste Geburtenrate der Welt aufweist. Von 2009 bis 2013 wurden in Deutschland nur noch 8,28 Geburten pro 1000 Einwohner und Jahr verzeichnet – noch weniger, als Japan mit 8,36 aufweist. Als Ursache nennt die Studie, dass durch den massiven Geburtenrückgang in den letzten Jahrzehnten die Anzahl gebärfähiger Frauen bereits so gering geworden ist, dass die Zahl der Kinder dieser wenigen jungen Frauen nicht mehr ausreicht, um die Geburtenrate nach oben zu bringen.[123]

Doch auch wenn man nur die Geburtenrate pro Frau nimmt, so ist diese im Jahr 2023 weiter drastisch gefallen, nämlich von 1,57 Kinder pro Frau im Vorjahr auf 1,36 und damit den niedrigsten Stand seit 2009. Die Bevölkerung schrumpft also im

Rekordtempo, und niemand unternimmt etwas dagegen oder vermag etwas zu unternehmen, weil es einfach nicht mehr genug Frauen im gebärfähigen Alter gibt, die den Trend umkehren könnten. Selbst wenn jetzt jede junge Frau wieder viele Kinder bekäme, wäre das in der Summe viel zu wenig, um unseren Untergang aufzuhalten.

Die dramatische Folge ist eine rasante Zunahme von Alten in der Bevölkerung. Während 1950 nur 10 Prozent älter als 65 Jahre waren, waren es 2021 bereits 22 Prozent. Entsprechend sank der Anteil der jüngeren Bevölkerung unter 15 Jahren von 23 Prozent im Jahr 1950 auf nur noch 14 Prozent im Jahr 2021.[124] Der Anteil der jungen Menschen von 15 bis 24 Jahren war mit 10 Prozent noch nie so gering wie seit Beginn der Zeitreihe im Jahr 1950.[125]

Folglich werden auch die Rentenzuschüsse und Rentenbeiträge immer weiter in die Höhe klettern. Wie wir gesehen haben, ist für das Jahr 2050 mit einem Rentenanteil im Bundeshaushalt von 60 Prozent und entsprechend massiven Steuererhöhungen zu rechnen. Das kann aber niemand mehr bezahlen – von den erheblichen Ausfällen in der Wirtschaft durch zu wenig Nachwuchs ganz zu schweigen. So fährt das Rentensystem und mit ihm die ganze Gesellschaft an die Wand.

Mit der niedrigen Geburtenrate verbindet sich ein weiteres Problem, welches ein großes Tabu bei uns darstellt, obwohl fast alle Männer davon betroffen sind: In Deutschland herrscht der stärkste Frauenmangel auf der ganzen Welt.

***»Nichts ist widerwärtiger als die Majorität;
denn sie besteht aus wenigen kräftigen Vorgängern,
aus Schelmen, die sich akkommodieren, aus Schwachen,
die sich assimilieren, und der Masse, die nachtrollt,
ohne nur im mindesten zu wissen, was sie will.«***

Johann Wolfgang von Goethe (1749–1832), *Wilhelm Meisters Wanderjahre II. Betrachtungen im Sinne der Wanderer*, 1829

Rekordfrauenmangel – der ungerechte Beziehungsmarkt

In der Tat hat sich in Deutschland eines der größten Ungleichgewichte auf dem Geschlechtermarkt entwickelt. So lebt inzwischen jeder zweite Mann unter 34 Jahre in Berlin unfreiwillig alleine.[126] In Niederbayern kommen auf 100 Frauen ganze 110 Männer, in manchen Regionen sogar 123 Männer auf 100 Frauen.[127] Für das Jahr 2025 wird in Städten wie Karlsruhe erwartet, dass 4070 26-jährige Männer auf nur noch 2767 gleichaltrige Frauen treffen werden.[128] Ähnlich wie in den USA sieht es auch bei uns aus: Dort sind 63 Prozent der unter 30-jährigen Männer unfreiwillig alleine, was eine Zunahme um 12 Prozentpunkte seit 2019 bedeutet; ein Drittel hatte noch nie eine Freundin. Demgegenüber sind nur 34 Prozent der Frauen in dieser Altersgruppe ohne Mann – eine Zunahme von nur 2 Prozentpunkten seit 2019.[129]

Dem Großteil der Bevölkerung ist dies völlig unbekannt, denn in den Medien wird immer von einem »Frauenüberschuss« gesprochen. Der Fehler liegt darin, dass nur die Gesamtbevölkerung betrachtet wird, in der es, durch den Zweiten Weltkrieg bedingt, in der älteren Generation tatsächlich einen Frauenüberschuss gibt. Sieht man sich jedoch die einzelnen Jahrgangsstufen an, so ergibt sich ein ganz anderes Bild.

Gerade in der Generation bis zur Altersstufe von 50 Jahren gibt es einen deutlichen Frauenmangel. Erst bei den älteren Jahrgängen verzeichnet man einen Frauenüberschuss, der auf den Männermangel nach dem Zweiten Weltkrieg und die frühere Sterblichkeit der Männer zurückzuführen ist. Letztere hat damit zu tun, dass Männer viermal so oft Suizide begehen wie Frauen, bei Scheidungen benachteiligt werden und zu ungesunder Lebensweise neigen, wenn sie keine Chance auf eine Partnerin mehr sehen.

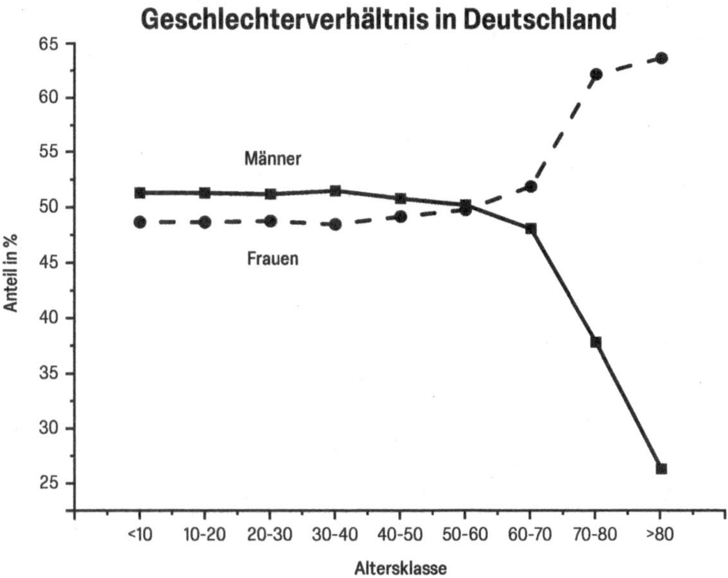

Abb. 5: Frauenmangel in der jüngeren Altersklasse

Wie sich dies auf das Leben auswirkt, wird deutlich, wenn der Anteil der Alleinlebenden untersucht wird. So leben beispielsweise nur circa 15 Prozent der 30–35-jährigen Frauen alleine, während dies bei gleichaltrigen Männern fast 30 Prozent sind (siehe Abb. 6). Dieses Verhältnis ändert sich wie gesagt erst jenseits des fünfzigsten Lebensjahres wieder.

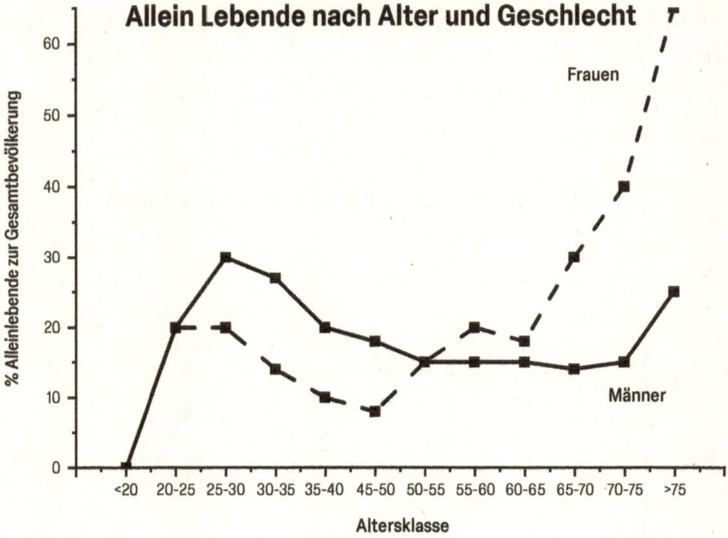

Abb. 6: Alleinlebende nach Alter und Geschlecht

Vor allem in den Jahrgängen 1964–1974 kommt es zu einem dramatischen Frauenmangel. Statistisch gesehen ist der Mann bei Partnerschaften im Durchschnitt 3 Jahre älter als die Frau, was mitunter schon als eine biologische Konstante angesehen wird. Es wird davon ausgegangen, dass Frauen im Partnersuchverhalten immer einen etwa 3 Jahre älteren Partner suchen; größere Altersunterschiede werden kaum akzeptiert.

Bei 95 Prozent aller Ehen in Deutschland liegt der Altersunterschied zwischen den Ehepartnern bei + 7 und – 2 Jahren. Das heißt, der Mann ist nicht mehr als 7 Jahre älter beziehungsweise weniger als 2 Jahre jünger als seine Frau, wobei das schon die Extreme in der statistischen Verteilung sind.

Außerhalb dieser Grenzen kommt eine Partnerschaft statistisch so gut wie nicht mehr vor, Partnerschaften finden sich praktisch nur in eng begrenzten Altersunterschieden. Da die Geburtenrate seit Mitte der 1960er-Jahre durch die Einführung der Pille drastisch zurückging, treffen beispielsweise die 700 200 Männer des Jahrgangs 1967 nur noch auf 466 300 Frauen des Jahrgangs 1972. Bereits diese Generation weist also einen massiven Frauenmangel auf. Ein Ausweichen dieser Jahrgänge auf Frauen, die jünger oder älter als im engen biologischen Suchraster der Frauen sind, ist nahezu aussichtslos.

Dieser Frauenmangel wurde für die Schweiz auch von der Universität Bern wissenschaftlich untersucht. In dem abschließenden Bericht heißt es: »Bei der Entstehung von Partnerengpässen spielen hauptsächlich drei Faktoren eine Rolle. 1. Die Sexualproportion bei der Geburt: Auf 100 Mädchen werden etwa 105 Knaben geboren (in der Schweiz während der letzten 130 Jahre: 105,5). Somit haben die Knaben bereits durch das Geschlechterverhältnis bei der Geburt eine schlechtere Ausgangslage für die spätere Partnersuche als Mädchen. […] 2. Unterschiedliche Sterblichkeit der Geschlechter: Die Sterblichkeit der Männer ist in jedem Alter höher als die der Frauen. […] 3. Die Altersdifferenz der Partner und eine sinkende Geburtenentwicklung: Zusätzlich zu der für die Männer ungünstigen Geschlechterverteilung bei der Geburt wird der Engpass durch die Alterspräferenz (in der Schweiz haben Männer im Schnitt 2 bis 3 Jahre jüngere Partnerinnen) und eine sinkende Geburtenrate verstärkt.« Besonders gravierend seien die Engpässe also für Männer, »wenn einem geburtenstarken Jahrgang stark niedrigere Geburtenzahlen folgen.« Bei Frauen sei es umgekehrt.

Wer auf die Idee kommen sollte, dass ein Partnerengpass doch durch eine Verminderung oder Vergrößerung des Altersabstandes umgangen werden könnte, wird schnell feststellen müssen, dass dies nicht so einfach zu bewerkstelligen ist. »Der Altersabstand lässt sich kaum beeinflussen, da die möglichen Partner bereits ›vergeben‹ sind.«[130]

Demnach haben Männer kaum eine Möglichkeit, der Einsamkeit oder aber dem extremen Konkurrenzdruck unter Männern auf dem Partnermarkt zu entgehen. Ganz abgesehen vom hohen Scheidungsrisiko, da Frauen durch den Männerüberschuss permanent in Versuchung geraten, zu »wechseln«. Nicht umsonst gehen bei uns zwei Drittel der Scheidungen von Frauen aus.[131]

Wie erheblich eine breite Altersklasse heute vom Frauenmangel betroffen ist, wird noch deutlicher, wenn man die Altersgruppe weiter spannt und unterscheidet, ob jemand alleine lebt oder nicht. Dann stehen den 2 086 800 partnerlosen Männern in der Altersgruppe der 30- bis 45-jährigen Deutschen nur 938 600 ledige Frauen gegenüber.

Das Statistische Bundesamt schreibt in seiner Broschüre »Leben in Deutschland – Ergebnisse des Mikrozensus 2004« über Alleinlebende in Bezug auf die jeweilige Altersklasse, besonders stark seien die geschlechtsspezifischen Unterschiede in der Altersgruppe der 30- bis 34-Jährigen, in der die Differenz zwischen Männern und Frauen zwölf Prozentpunkte ausmache.[132] Dies bedeutet, dass 12 Prozent mehr Männer alleine leben als Frauen.

Dabei ist noch nicht berücksichtigt, ob dies freiwillig oder unfreiwillig geschieht. Meistens befinden sich jedoch die infrage kommenden Frauen in einem freiwilligen und die Männer in einem unfreiwilligen Zustand. 80 Prozent der alleinlebenden Männer zwischen 30 und 50 Jahren sind unfreiwillig alleine.[133] Zu dem ohnehin schon erheblich gestörten Geschlechterverhältnis in der jüngeren Generation kam in den letzten Jahren noch eine massive Zuwanderung von überwiegend jungen Männern aus dem Ausland hinzu.

Flüchtlingskrise vergrößert den Frauenmangel massiv

Wie die Daten der Statistikbehörde Eurostat bestätigen, setzen sich die Zugewanderten zum Großteil aus jungen Männern zusammen. So waren es während der Flüchtlingskrise von 2015 bis 2018 zu 62 Prozent Männer, die ins Land strömten, 55 Prozent von ihnen aus der Altersgruppe der 18- bis 34-Jährigen, also junge Männer. Von den in diesem Zeitraum fast 2,2 Millionen nach Deutschland eingewanderten Männern gehörten 1,3 Millionen zur jüngeren Altersgruppe.[134] (Abb. 7)

Vor der Flüchtlingskrise lebten in Deutschland etwa 16 Millionen 18- bis 34-Jährige, und zwar 8 433 521 Männer und 8 035 205 Frauen. Schon damals betrug der Männerüberschuss in der einheimischen Bevölkerung knapp 400 000 Personen. Nachdem sich dieser Anteil durch die Flüchtlingskrise massiv vergrößert hat, ist es nicht verwunderlich, dass sich deutsche Männer heutzutage noch schwerer tun, eine Frau zu finden.[135] In Unkenntnis dieser ungleichen Verhältnisse, die in der Medienlandschaft selten bis gar nicht thematisiert werden, wird den betroffenen Männern häufig vorgeworfen, sie wären an ihrem Unglück selbst schuld und würden sich nicht genug anstrengen. Doch bei einem derartigen Frauenmangel hilft weder geduldiges Abwarten noch angestrengtes Abrackern.

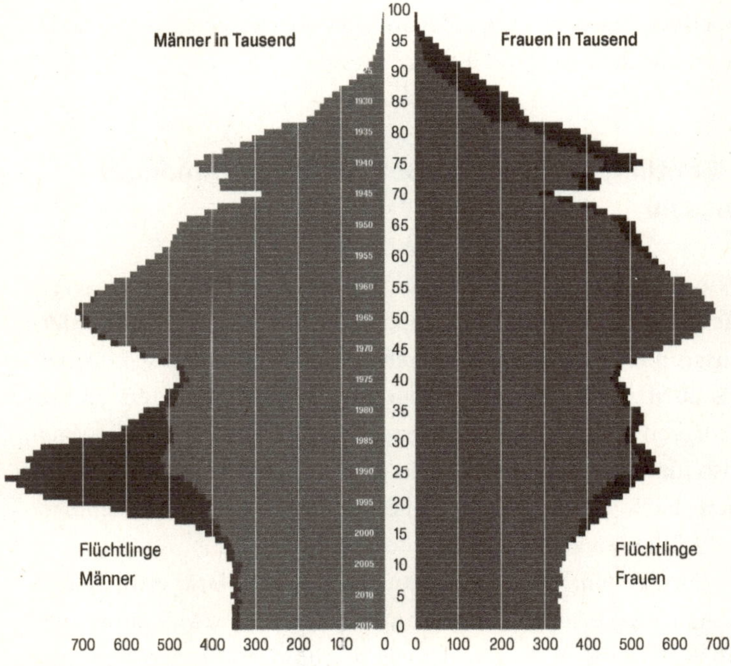

Abb. 7: Frauenmangel nach der Flüchtlingskrise

Befasst man sich mit den politischen Hintergründen dieses Problems, so entdeckt man, dass der Ausbeuterstaat gar nicht daran interessiert ist, dass Männer – die Hauptarbeitskräfte – glücklich werden. Denn glückliche Männer lassen sich nicht so leicht ausbeuten. Redet man ihnen aber Schuldgefühle ein, sind sie bereit, sich abzumühen, und mit ihrer Verzweiflung wächst ihre Ausbeutungsbereitschaft.

Doch wenden wir uns nun dem Thema Zuwanderung allgemein zu. Die Weltmeisterserie geht weiter.

»Nein, die Flüchtlinge werden in der ersten Generation niemals so integriert werden können, dass sie die staatlichen Leistungen, die sie bekommen, auch selber durch die Steuern, die sie beitragen, bezahlen können. Das ist schon bei den Türken nicht passiert, noch nicht einmal in der zweiten Generation.«

Hans-Werner Sinn (*1948), ehemaliger Chef des ifo Instituts,
Focus Money, Nr. 49, 2017

Deutschland – der Zuwanderungsmeister

Deutschland ist auch bei der Zuwanderung weltweit Spitzenreiter. Wie das Statistische Bundesamt mitteilte, leben in Deutschland mehr Eingewanderte als im EU-Durchschnitt. Betrug der Anteil im Jahr 2021 in Deutschland 17,3 Prozent, so waren es im EU-Durchschnitt nur 10,6 Prozent, und seit 1950 sind 14,2 Millionen Personen nach Deutschland eingewandert.[136] Dabei reist der Großteil der Asylzuwanderer illegal, also ohne vorherige Registrierung über die EU-Außengrenzen ein. Ganze zwei Drittel der Asylbewerber kamen 2022 auf diese Weise nach Deutschland. Das zeigen Auswertungen der Eurodac-Registrierungen aller Antragsteller des Bundesamtes für Migration und Flüchtlinge (BAMF).[137]

2022 lag Deutschland aber auch bei den Asylanträgen ganz weit vorne. Nach Angaben der EU-Kommission haben im Jahr 2022 190 749 Menschen einen Asylantrag in Deutschland beantragt – ein Plus von 57 Prozent zum Vorjahr. In Frankreich waren es hingegen nur 115 820, in Spanien 111 220 Anträge und in Italien 78 897 Anträge.[138] Dazu kommen noch die illegalen Zuwanderer, die nicht erfasst werden können, von späteren sogenannten Familienzusammenführungen ganz zu schweigen.

Und nicht zuletzt trug 2022 der Ukrainekrieg zu einem neuen Zuwanderungsrekord bei. Mit einer Nettozuwanderung von insgesamt fast 1,5 Millionen (Zuwanderung abzüglich der zeitgleichen Abwanderung) kamen so viele Ausländer ins Land wie nie zuvor seit 1950. Zu vergessen ist auch nicht die Nettozuwanderung, die sich aus der Flüchtlingskrise von 2015 ergab und ungefähr 1,2 Millionen betrug.[139] Nach Angaben des Statistischen Bundesamtes haben wir in Deutschland mittlerweile einen Ausländeranteil von 13,9 Millionen Menschen und einen Anteil von 23,9 Millionen Menschen mit Migrationshintergrund.[140] Fast 30 Prozent der deutschen Bevölkerung hat also inzwischen einen Migrationshintergrund.

Die Kosten für Flüchtlinge und Asyl in Deutschland liegen beim Bund für das Jahr 2022 offiziell nur bei 28,4 Milliarden Euro.[141] Doch das sind längst nicht die kompletten Kosten für die Zuwanderung, denn ein Großteil der Einwanderer arbeitet nicht. Wie der Renten- und Sozialexperte Raffelhüschen ausgerechnet hat, kostet uns die Zuwanderung gesamtwirtschaftlich 5800 Milliarden Euro. So viel erhalten alle Zuwanderer zusammen mehr aus dem Sozialsystem, als sie durch spätere Arbeit einzahlen. Selbst wenn also nur 100 000 ausgebildete Fachkräfte einwanderten, läge das Minus immer noch bei 800 Millionen Euro. Deshalb sagt der Fachmann auch: »Machen wir weiter wie bisher, sind wir dumm wie Stroh!«[142]

Häufig wird behauptet, die Zuwanderer würden doch unseren Arbeitsmarkt bereichern. Leider ist das aber nicht der Fall, weil sie zum Großteil nicht mit dem deutschen Arbeitsmarkt kompatibel sind. Deshalb erhalten heute beispielsweise 75 Prozent der als Asylanten anerkannten Syrer Hartz IV und leben vom Sozialstaat. Und der Anteil von Ausländern, die vom Sozialsystem leben, wird immer größer. »Hatten 2011 lediglich 19 Prozent der Hartz-IV-Empfänger (heute Bürgergeld) eine ausländische Nationalität, so betrug die Quote 2016 bereits 27 Prozent.«[143] Die Chance, dass diese Ausländer jemals in den

Arbeitsmarkt integriert werden können und produktiv tätig werden, ist gering.

Das aktuelle Bürgergeld bezieht eine noch größere Anzahl von Ausländern. Wie die Bundesagentur für Arbeit im Jahr 2023 bekannt gab, verteilen sich die 44 Milliarden Euro an Bürgergeldleistungen inzwischen auf 2,9 Millionen Deutsche und 2,6 Millionen Ausländer.[144] Ganze 62,8 Prozent der Bezieher von Bürgergeld hatten nach der jüngsten Hochrechnung der Bundesagentur im Herbst 2023 einen Migrationshintergrund.[145]

Mithin geht fast die Hälfte der Zahlungen an Ausländer, von denen die meisten noch nie in das System eingezahlt haben. Nach einer Auswertung der EU-Kommission geht in Deutschland beispielsweise nur jeder achte aufgenommene Ukrainer einer Arbeit nach, in Polen jedoch jeder fünfte und in Tschechien sogar jeder vierte.[146] Angesichts solch üppiger Sozialleistungen hat man es einfach nicht nötig, zu arbeiten. Dazu muss man bedenken, dass der Anteil von Analphabeten in den Herkunftsstaaten sehr hoch ist; in Afghanistan etwa beträgt er bei den 14- bis 29-Jährigen mehr als 50 Prozent. Hingegen liegt selbst im vergleichsweise hoch entwickelten Syrien der Anteil der Hochschulabsolventen nur bei rund 6 Prozent.[147] Und wie die Jobcenter und Arbeitsagenturen feststellten, erreichen 80 Prozent der Flüchtlinge trotz intensiver Förderung und Sprachkursen keine ausreichende deutsche Sprachkompetenz und haben folglich auf dem Arbeitsmarkt kaum eine Chance.[148]

Doch auch die kostspielige Verhinderung illegaler Einwanderung funktioniert nicht. 2016 traf die EU mit der Türkei ein Rückführungsabkommen. Obwohl die Türkei, wie Ende 2023 bekannt wurde, dies nur im Falle von 2140 Flüchtlingen, die illegal auf die griechischen Inseln gelangt waren, umgesetzt hatte, erhielt sie dafür rein rechnerisch 4,7 Millionen Euro pro Flüchtling.[149] Das ist viel Geld für praktisch keine Gegenleistung. Selbst illegale Zuwanderer in andere EU-Staaten zurückzuschicken, wo sie bereits einen Asylantrag gestellt haben, gelingt kaum. Von fast 69 000 Rücknahmegesuchen wurden gerade einmal 4158 umgesetzt.[150]

Die Abschiebung von illegalen Zuwanderern schlägt immer große Wellen, doch zwei von drei versuchten Abschiebungen scheitern, weil die Abzuschiebenden Widerstand leisten oder sie von der Flugzeugcrew nicht mitgenommen werden.[151] Außerdem bringt Abschiebung nichts, wenn die Zuwanderer gleich wieder kommen. Etwa 9 Prozent der Ausreisepflichtigen sind zuvor schon mehrfach illegal in Deutschland eingereist.[152] Doch es kommt noch schlimmer.

»Wer halb Kalkutta aufnimmt, hilft nicht etwa Kalkutta, sondern wird selbst zu Kalkutta!«

Peter Scholl-Latour (1924–2014), preisgekrönter deutsch-französischer Journalist, Sachbuchautor und Publizist, zugeschrieben

---

Masseneinwanderung führt zu einer immer krasseren Wohnungsnot

Jetzt sollen noch mehr Zuwanderer kommen. Die Wirtschaftsweise Monika Schnitzer forderte im Jahr 2023 die Zuwanderung von gewaltigen 1,5 Millionen Migranten, und das von da an jedes Jahr. Dies sei eine Maßnahme, um dem Fachkräftemangel bei uns entgegenzuwirken. Allerdings bräuchten wir dazu ihrer Meinung nach »dringend eine neue Willkommenskultur«.[153] Dabei weiß heute schon niemand mehr, wohin die vielen Zuwanderer sollen. Der Präsident des Deutschen Landkreistages, Reinhard Sager, forderte deshalb eine »›Zeitenwende‹ in der Migrationspolitik«. Denn schon die bisherige Zuwanderung sei »zahlenmäßig kaum noch zu schaffen« und es gebe »erhebliche Probleme bei der Unterbringung«. Es kämen schlicht und einfach zu viele Menschen auf einmal. Wenn der Zustrom nicht abebbe, würden die Kommunen und Landkreise in Deutschland mit der Situation nicht mehr fertig, und »dann kollabiert das System irgendwann«.[154]

Dagegen forderte der EU-Migrationskommissar Dimitris Avramopoulos, Europa bräuchte in den nächsten 2 Jahrzehnten 70 Millionen Zuwanderer, um die Überalterung des Kontinents zu verhindern.[155] Doch die Folgen einer derartigen Massenzuwanderung wären ungeheuerlich. Schon jetzt gibt es für die neuen Zuwanderer keinen Wohnraum mehr, ja es kommen mehr Zuwanderer, als überhaupt Wohnraum geschaffen werden kann. In den Jahren 2010 bis 2017 kamen jedes Jahr 520 000 neue Einwohner nach Deutschland, die zu 41 Prozent direkt in die kreisfreien Großstädte zogen. Jedes Jahr wandert quasi eine ganze Großstadt in Deutschland ein. Doch im Schnitt wurden zwischen 2016 und 2018 nur 283 300 Wohnungen pro Jahr neu erstellt.[156] Das Resultat ist eine allgemeine Wohnungsnot. Die Menschen haben es immer schwerer, eine Wohnung zu finden.

Allerdings wird gerade aus den Entwicklungsländern Kritik an dieser Massenzuwanderung vernehmbar. So warnte Botswanas

Präsident Mokgweetsi Masisi vor einer Eskalation der deutschen Aufnahmegesellschaft und sagte, es führe »zu rassistischen, ausländerfeindlichen Tendenzen, wenn so viele Menschen von dieser Politik ins Land gelockt werden«. Viele Menschen würden bloß »die offenen Grenzen und die Aufnahmebereitschaft ausnutzen« und überhaupt nicht flüchten. Doch es helfe armen Ländern nicht, wenn überwiegend junge Männer das Land verließen. Letztlich sei dies für niemanden gut. In sein Land kämen nur wirkliche Flüchtlinge.[157]

Dafür, dass die Integration von Flüchtlingen gescheitert ist, ist die Mülltrennung ein Beispiel, denn viele Zuwanderer verweigern diese. Deshalb hat die Stadt Ludwigsburg beispielsweise Asylbewerber von der Pflicht zur Mülltrennung ausgenommen. Die dementsprechend höheren Kosten für die Entsorgung trägt natürlich der Steuerzahler.[158]

Doch nicht nur die Zuwanderung macht Probleme, auch das Schulsystem verkommt immer mehr.

Deutschlands Schulsystem zerfällt

Die deutschen Schüler fallen im internationalen Vergleich immer weiter zurück, und dies vor allem in den Bereichen Mathematik und Lesekompetenz. Hatten sie 2006 in der Lesekompetenz noch 548 Punkte erreicht, waren es 2021 nur noch magere 524 Punkte. Zum Vergleich kamen Schüler in Singapur 2021 auf 587 Punkte und in Hongkong auf 573 Punkte, aber auch russische und bulgarische Schüler stellten uns mit jeweils 567 Punkten und 540 Punkten in den Schatten. International rangieren wir gerade einmal auf Platz 19. 25 Prozent der deutschen Viertklässler können keinen kurzen Text lesen und dessen Inhalt wiedergeben, und die Rechtschreibung lässt auch zu wünschen übrig. Das ist auch nicht verwunderlich, denn laut IGLU-Studie werden an deutschen Grundschulen nur 141 Minuten lesebezogener Unterricht pro Woche erteilt, wohingegen es im EU-Durchschnitt 194 Minuten sind.[159]

Im Jahr 2022 erreichten deutsche 15-jährige Schüler beim PISA-Test in den Bereichen Lesen, Mathematik und Naturwissenschaften die niedrigsten Werte, die jemals gemessen wurden. Demnach sind 30 Prozent nicht in der Lage, einfache mathematische Aufgaben zu lösen, knapp 26 Prozent können den Inhalt gelesener Texte nicht sinngemäß wiedergeben. Und selbst an Gymnasien scheitern 4 Prozent der Schüler an einfachen Aufgaben in Mathematik und Lesen. In Mathematik hat sich der Anteil der Leistungsstarken in den letzten 10 Jahren sogar halbiert.[160]

Der stellvertretende FDP-Parteivorsitzende Wolfgang Kubicki sagte dazu, unser Bildungsniveau sinke »in einem dramatischen Ausmaß, das kaum noch zu beschreiben« sei. Doch »wir reagieren darauf nicht durch intensivere Anstrengungen, sondern dadurch, dass wir einfach das Leistungsniveau absenken und mittlerweile Abiturnoten erteilen auf dem Wissensstand der Oberprima.«[161]

Doch das ist noch längst nicht das Ende. Wie die Hochschulministerin Bettina Martin von Mecklenburg-Vorpommern erklärte, sollen Lehramtsstudierende »künftig weniger Fachwissen und mehr pädagogische Fähigkeiten erlernen«.[162] Dies bedeutet statt des für die Schüler dringend benötigten Fachwissens mehr Vermittlung von Ideologie.

Dabei verdienen in kaum einem Land Lehrer so viel wie in Deutschland. Wie ein OECD-Bericht ermittelt hat, waren 2020 die Gehälter deutscher Lehrkräfte aller Schulformen mehr als 1,7-mal so hoch wie der OECD-Mittelwert. An Grundschulen verdienen Lehrer im Durchschnitt 65 000 Euro pro Jahr und an weiterführenden Schulen in der Sekundarstufe I 72 000 Euro. Hinzu kommt, dass Lehrer in Deutschland deutlich weniger arbeiten als im OECD-Durchschnitt. An Grundschulen unterrichteten Lehrkräfte im Jahr 2020 durchschnittlich 691 Stunden – das sind ganze 100 Stunden weniger als in anderen Industrieländern.[163] Doch obgleich wir die bestbezahlten Lehrer der Welt haben, fällt das Niveau der Schüler immer weiter ab.

Das gleiche gilt für die Steuergelder, die in das Schulsystem gesteckt werden. Sie steigen immer rascher an, während die Leistung sinkt. Waren 1995 noch 76 Milliarden Euro in das Bildungssystem geflossen, so verdoppelte sich diese Summe mit 150 Milliarden im Jahr 2020 gleichsam. Und 2023, nur 3 Jahre später, waren es bereits 176 Milliarden Euro.[164]

Nach Angaben des Statistischen Bundesamtes werden pro Schüler und Jahr etwa 8500 Euro ausgegeben. Ganze 6800 Euro davon sind allein für Personalaufwendungen – also die Lehrer – vorgesehen, und nur 1700 Euro für Investitionen und Sachaufwand.[165] Ein Lehrer verdient mit dem Einstiegsgehalt A13 inzwischen fast genauso viel wie ein Major bei der Bundeswehr, der sich langsam hochgedient hat.

Überdies ist der Großteil der Lehrer verbeamtet. In Nordrhein-Westfalen beispielsweise sind von 200 000 Lehrern nur 40 000 Angestellte, und Beamte erhalten natürlich deutlich mehr Gehalt als ihre angestellten Kollegen. Nach Untersuchungen summiert sich die Lücke zwischen angestellten und verbeamteten Lehrern bei 25 Berufsjahren und 16 Jahren Ruhestand auf bis zu 275 000 Euro an Mehrgehalt für den verbeamteten Lehrer. Bei Verheirateten ist die Differenz noch größerer und beträgt »beim Jahreseinkommen mehr als 6500 Euro«, während es »bei den Ledigen knapp 2250 Euro« sind.[166] Kein Wunder, dass der Lehrerberuf für Angestellte im Vergleich zum Beamten immer unattraktiver wird.

Apropos Beamtentum kommen wir zum nächsten Punkt, dem aufgeblähten Beamtenapparat, der immer mehr Geld verschlingt.

»Nie haben die Massen nach Wahrheit gedürstet. Von den Tatsachen, die ihnen missfallen, wenden sie sich ab und ziehen es vor, den Irrtum zu vergöttern, wenn er sie zu verführen vermag. Wer sie zu täuschen versteht, wird leicht ihr Herr, wer sie aufzuklären versucht, stets ihr Opfer.«

Gustave Le Bon (1841–1931), *Psychologie der Massen*, 1895

Sündhaft teurer Beamtenapparat

Wir leisten uns einen völlig übertriebenen Beamtenapparat, den jeder Steuerzahler mitfinanzieren muss. Im Jahr 2022 gab es in Deutschland 1,726 Millionen Beamte, davon 738 000 Lehrer und 297 000 Polizisten.[167] Über 40 Prozent der Beamten sind also Lehrer.

Doch besonders der Ruhestand kommt uns hier sehr teuer zu stehen. Allein für die bisherigen 1,4 Millionen Pensionäre müssen inzwischen 1,6 Prozent des Bruttoinlandsproduktes (BIP) aufgewendet werden. Im Schnitt erhielten sie 3240 Euro an monatlicher Pension. Damit wurden fast 54 Milliarden Euro im Jahr 2022 an ehemalige Beamte ausgeschüttet. Dazu kommt noch eine Hinterbliebenenversorgung von über 8 Milliarden Euro. Allein zwischen den Jahren 2000 und 2020 stieg die Zahl der Pensionäre um fast 54 Prozent, zum Großteil bedingt durch die hohe Verbeamtung von Lehrern. 33 Prozent aller Pensionäre sind ehemalige Lehrer.[168]

Der Bund der Steuerzahler weist deshalb darauf hin, dass allein im Jahr 2022 ganze 65,5 Milliarden Euro an ehemalige Beamte im Ruhestand geflossen sind. Bis 2025 wird diese Ausgabenlast weiter kräftig anwachsen und 81 Milliarden Euro erreichen, wobei 82 Prozent der Renten im Land unter 1500 Euro und 70 Prozent oberhalb von 2000 Euro liegen. Nach Aussage von Reiner Holznagel, Präsident des Bundes der Steuerzahler (BdSt), sind die großen finanziellen Vorteile von Beamten »keinem Beschäftigten in der freien Wirtschaft mehr zu erklären«, und der Rentenexperte Bernd Raffelhüschen warnt sogar vor einem »Finanzkollaps der Bundesländer« und sagt, man solle »vor allem Lehrer und Professoren künftig nicht mehr verbeamten«.[169] In der Tat gibt es keinerlei Grund, warum Lehrer und Professoren Beamte sein müssen.

Besonders übel sieht es mit der hohen Pensionslast aus, die wir in Zukunft zu erwarten haben. Nach der Vermögensrechnung des Bundes war diese 2019 bereits auf 809 Milliarden angestiegen. Das ist eine Steigerung um 53 Prozent in nur 5 Jahren.[170]

Doch auch die Gehälter der Beamten steigen, und zwar genauso schnell wie die der Angestellten im öffentlichen Dienst. Wenn also die Gewerkschaft eine Lohnerhöhung für die Angestellten erstreitet, wird diese automatisch für alle Beamten übernommen – auch für jene, denen der Arbeitskampf gar nicht galt. So profitieren Beamte nicht nur davon, dass sie weder Sozialversicherung noch Altersversorgung zahlen müssen, sondern bekommen auch noch die gleichen Lohnerhöhungen wie Angestellte, deren gestiegenes Gehalt von der Sozialversicherung wieder aufgefressen wird. Im Alter bekommt der durchschnittliche Beamte dann 2,5-mal mehr Ruhegeld als der Angestellte, der genauso viel gearbeitet hat – und das alles auf Kosten der Steuerzahler. Wie ungerecht dieser Altersruhestand ist, zeigt sich darin, dass ehemalige Beamte im Jahr 2024 die vollen steuerfreien 3000 Euro an Inflationsausgleichsprämie erhielten – die Rentner hingegen leer ausgingen.[171] Schon allein um den Beamten- und Pensionärsapparat bezahlen zu können, sind steigende Steuern vorprogrammiert.

Im Folgenden werden wir uns damit befassen, dass Sie nicht nur mit direkten und indirekten Abgaben enteignet werden, sondern alles versucht wird, um Ihr Eigentum möglichst schnell zu zerstören. Ein Grund für die Zerstörung von Eigentum und Produktqualität ist die Fokussierung auf die Börse.

»Die Mehrheit? Was ist die Mehrheit?
Mehrheit ist der Unsinn,
Verstand ist stets bei wen'gen nur gewesen.
Der Staat muss untergehen, früh oder spät,
wo Mehrheit siegt und Unverstand entscheidet.«

Friedrich Schiller (1759–1805), *Demetrius*, 1857

Shareholder Value oder die Kosten des Börsenbooms

Gerne wird heutzutage betont, dass die Fokussierung der Wirtschaft und der Unternehmen auf die Börse etwas Gutes sei und alle dort bei angeblich immer steigenden Börsenkursen gute Gewinne machen könnten. Doch fast nie hört man etwas darüber, was uns diese Börsenfixierung eigentlich kostet und wer für die Gewinne an der Börse zahlen muss, denn Geld und Gewinne aus dem Nichts gibt es nicht.

In den 1990er-Jahren wurde in unserer Wirtschaft das Shareholder-Value-Konzept vorherrschend, demgemäß es das vornehmliche Interesse eines Unternehmens ist, die Aktienkurse kurzfristig nach oben zu treiben, auch wenn dies dem Unternehmen langfristig schadet. Das heißt, nicht mehr der Gewinn des Unternehmens ist entscheidend, sondern nur noch der Wert des Aktionärsvermögens, also letztlich der Kurswert der Aktie.[172]

Doch dieses Konzept steht durchaus auch unter massiver Kritik. So meinte 2014 James Montier, Marktstratege der Anlagefirma GMO, dass Shareholder Value »zu den herrschenden wirtschaftlichen und sozialen Problemen sowie zur Finanzkrise von 2008 geführt« habe. Seiner Ansicht nach wurde »die einst betonte Verantwortung der Firmen, zu fairen Preisen Qualitätsgüter zu produzieren und dabei einen Gewinn zu erzielen, der Investitionen, Arbeitsplätze und den Aufbau der Wirtschaft fördert [...] in den 1990er-Jahren auf den Shareholder Value reduziert«, also den reinen Aktienwert.[173]

Dieses Konzept habe »in Verbindung mit den üppigen Anreizen für die Geschäftsleitung [...] zu einer Verringerung der Rentabilität« der Unternehmen geführt. Da die Manager zum Teil mit Aktien und Optionen bezahlt würden, orientierten sie sich nicht mehr am wirklichen Nutzen für das Unternehmen, sondern nur noch daran, dass die Aktienkurse steigen, um dann selbst davon zu profitieren. Damit habe auch ein kurzfristiges Denken Einkehr gefunden. Während Anfang der 1970er-Jahre die durchschnittliche Verweildauer von Firmen im Aktienindex S&P 500 noch 27 Jahre betragen habe, sei diese in der zweiten Hälfte des vorigen Jahrzehnts auf 15 Jahre gefallen. Gleichzeitig habe sich »die durchschnittliche Amtsdauer von Firmenchefs auf 6 Jahre halbiert«. Früher wurden 20 Prozent der Gewinne ausgeschüttet, nach Einführung des Shareholder-Value-Systems sind es 50 Prozent und mehr.[174]

Für den ganzen Börsenzauber seit den 1990er-Jahren zahlen wir also infolge kurzfristigen Denkens den Preis eines massiven Qualitätsverlusts. Denn wenn nur noch der flüchtige Aktienwert von Interesse ist, werden billige und qualitativ minderwertige Teile zur Herstellung von Waren benutzt, was die Produkte schnell verschleißen lässt.

Das beste Beispiel für die stark gesunkene Produktqualität sind Autos. So war der legendäre Mercedes W124, der von 1985 bis 1996 gebaut wurde, als besonders langlebig bekannt. In ihn wurden besonders stabile Teile eingebaut, die eine lange Lebensdauer garantierten. Als dann Shareholder Value eingeführt wurde, hatte das Nachfolge Modell W210 einen deutlich schlechteren Ruf. Dementsprechend gilt der W124 als der letzte »echte«

Mercedes, der W210 hingegen als der erste »Wegwerf«-Mercedes. Früher konstruierten die Ingenieure gute Autos mit qualitativ hochwertigen Teilen, heute macht die Kostenstelle Vorgaben, an welchen Stellen an der Qualität gespart werden muss.

Geplante Obsoleszenz – absichtliche Begrenzung der Produktlebensdauer

Außerdem wurde seither die Strategie der geplanten Obsoleszenz eingeführt. Das bedeutet, dass Unternehmen die Nutzungsdauer von Produkten von vorneherein einschränken. Man baut also bewusst Schwachstellen in die Produkte ein, sodass diese nach einer gewissen Zeit kaputtgehen und durch neue ersetzt werden müssen, denn reparabel sind sie ebenfalls nicht. Die Kunden sollen also zur Neuanschaffung gezwungen werden.

Ein gutes Beispiel dafür sind Elektrogeräte oder Computer, die nach einigen Jahren ausfallen, weil billige Elektrolytkondensatoren (Elkos) benutzt wurden, die nicht lange halten. Wegen eines einzigen Elkos, der an und für sich nur wenige Cent kostet, muss dann beispielsweise ein teurer Computer weggeworfen werden.

So hat das Umweltbundesamt in einer Studie festgestellt, dass 2012 ein Viertel der Flachbildfernseher nach durchschnittlich nur 5,6 Jahren ausgetauscht werden mussten. Demgegenüber hatten alte Röhrenfernseher von 2005 bis 2012 etwa 10–12 Jahre lang gehalten. Dasselbe gilt für Notebooks, die 2012 zu einem Viertel wegen technischer Defekte gegen ein neues Gerät ausgetauscht werden mussten.

Oft werden die hitzeempfindlichen Elkos direkt an heiße Bauteile montiert, damit das Gerät gute Chancen hat, nach der Garantiezeit kaputtzugehen. So werden die Elkos bei Computern zum Beispiel absichtlich in den heißen Luftstrom des Lüfters montiert.[175]

Ein anderes Beispiel sind Smartphones, die mit der Zeit immer langsamer werden, bis man sie ersetzen muss. Hier ist vor allem Apple mit seinem iPhone negativ aufgefallen, und das Unternehmen musste zugeben, dass es bei alten Modellen ganz bewusst künstlich die Geschwindigkeit drosselt.[176] Eine andere Möglichkeit, das Handy unbrauchbar zu machen, sind Updates, welche dazu führen, dass der Akku tiefentladen wird. Passiert das mehrfach, so ist der Akku defekt und das ganze Gerät muss ersetzt werden, da man Akkus heute nicht mehr austauschen kann. Solche Fälle wurden insbesondere bei Samsung-Handys bekannt.[177]

Die Schäden, die durch diese geplante Obsoleszenz entstehen, sind gewaltig. Denn bei der Herstellung eines einzigen PCs entstehen rund 1850 Kilogramm Kohlendioxid, und allein für die Herstellung eines 2 Gramm schweren Chips werden fast 1,3 Kilogramm fossile Brennstoffe benötigt.[178] Dabei dient die Hälfte der Energie nur dazu, hochreines Silizium für den Chip zu erzeugen. Das Verhältnis fossiler Brennstoffe und Chemikalien zum Gewicht des Endprodukts beträgt beim Pkw 2:1, bei einem Mikrochip jedoch 630:1. Um einen Computerchip zu produzieren, werden also über 300-mal mehr Energie und Rohstoffe (im Verhältnis zum Gewicht) benötigt als für die Produktion eines Fahrzeugs.[179] Wenn dann der Computer, in den dieser Chip eingesetzt wurde, aufgrund seiner eingeplanten Obsoleszenz schon nach wenigen Jahren defekt ist, hat das katastrophale Folgen für die Umwelt. Doch das wird beim Thema Umweltschutz völlig unter den Teppich gekehrt, zu groß sind der Reibach und die Gewinne, die an der Börse durch permanent steigende Aktienkurse gemacht werden, die wir alle mehr als teuer finanzieren müssen.

Halten wir fest: Der Börsenboom und die Fixierung des Unternehmenserfolgs rein auf den Aktienwert sind alles andere als positiv. Wir zahlen für diesen Boom mit einer extrem viel schlechteren Produktqualität und zerstörerischen Konsequenzen für die Umwelt – und das alles nur, damit eine Minderheit von Managern und Spekulanten sich die Taschen füllen kann.

Doch mutwillige Zerstörung findet sich nicht nur im Börsen-, Qualitäts- und Umweltbereich, sondern auch Ihr bisheriger Besitz wird absichtlich vernichtet, damit Sie teurere Neukäufe tätigen müssen, die wiederum die Umsätze der Firmen und damit die Aktienkurse nach oben treiben.

»Ich halte den Goldstandard für einen solchen Unfug, dass ich mit der Frage ›Was halten Sie vom Goldstandardsystem‹ Volkswirte und Fachleute auf ihr wirtschaftliches Verständnis teste.«

André Kostolany (1906–1999), *Die Kunst über Geld nachzudenken*, 2001

Absichtliche Wertevernichtung durch Feuchtsalz

Ein Beispiel dafür ist der immer aggressivere Einsatz von Streusalz auf den Straßen unter dem Vorwand der »Sicherheit«. Doch um Sicherheit geht es hier schon lange nicht mehr, wie die deutlich niedrigeren Unfallzahlen aus Norwegen belegen, wo kein Streusalz eingesetzt wird. In Deutschland gibt es im Verhältnis zu den gefahrenen Kilometern 1,11-mal mehr tödliche Verkehrsunfälle als in Norwegen.

Was auffällt, ist, dass seit einigen Jahren andere Salzmischungen verwendet werden als noch vor 30 Jahren. Momentan kommt überwiegend sogenanntes Feuchtsalz zur Anwendung. Dieses besteht nicht mehr nur aus normalem Natriumchlorid (Kochsalz) wie früher, sondern wird vor dem Ausbringen mit einer Sole aus Kalziumchlorid oder Magnesiumchlorid angefeuchtet. Damit soll ein besseres Haften des Salzes an der Fahrbahndecke erreicht werden. Doch diese Lösung haftet auch besser am Blech der Autos und zerstört es. Vor allem Kalziumchlorid ist deutlich aggressiver als das normale Natriumchlorid, weil Kalziumchlorid stark hygroskopisch ist, also Luftfeuchtigkeit anzieht und so verstärkt Rostbildung unterstützt. Doch Wasseranziehung und starke Haftwirkung sind in Verbindung mit Natriumchlorid für jedes Blech auf Dauer tödlich.

Seitdem nehmen Rostschäden drastisch zu. Dass es tatsächlich diese neuen Salzmischungen sind, die sogar Neuwagen zum Rosten bringen, wurde in Österreich deutlich. Hier stiegen die streusalzbedingten Rostschäden ab dem Jahr 2003 drastisch an, und zwar noch während der Garantiezeit der Fahrzeuge. Dabei sind die Schadensfälle in Österreich zehnmal so groß wie in der Schweiz, wo kein Kalziumchlorid zur Streusalzbeimischung verwendet wird.[180] Damit ist bewiesen, dass die verstärkten Rostschäden auf die jetzt verwendeten Salzmischungen zurückzuführen sind.

Doch im Unterschied zu Deutschland kann in Ländern, die wie Österreich und die Schweiz keine Automobilindustrie haben, das Problem öffentlich diskutiert werden. In Deutschland wird dagegen jede Debatte mit dem Totschlagargument »Sicherheit« abgewürgt. Schon vor 30 Jahren argumentierte das Umweltbundesamt, gerade Kalziumchlorid sei nicht nur viermal teurer als normales Streusalz, sondern auch weitaus umweltschädlicher. Bereits damals wies die Behörde darauf hin, dass die Klebewirkung zu massiven Schäden an Fahrzeugen und Gebäuden führe.

Auch zur Sicherheit trägt das nichts bei, da gerade Kalziumchlorid bei Temperaturen um den Nullpunkt ein Hexahydrat bildet, das auch als »chemische Glätte« bezeichnet wird. Diese erzeugt einen sulzigen Straßenbelag, den es früher nicht gegeben hat.

Dass es auch anders geht, sieht man in Flughäfen. Hier wird mit Harnstoff oder Kaliumformiat korrosionsfrei enteist. Denn bei Flugzeugen wären Korrosionsschäden zu auffällig, zu teuer und viel zu gefährlich. Möglicherweise käme es auch zu Regressforderungen der Fluggesellschaften gegenüber den Flughafenbetreibern. Bei Autos dagegen hat jeder die Schäden selbst zu tragen. Ziel ist es, die Autos möglichst schnell zu zerstören, damit neu gekauft werden muss, um die Börsenkurse wieder nach oben zu treiben.

Doch das Salz ist nicht nur für Autos ein Problem, auch die Schäden an Straßen und Brücken sind enorm. Experten gehen davon aus, dass ganze 14 Prozent der Autobahnkilometer inzwischen durch Betonkrebs geschädigt sind. Mit dieser Alkali-Kieselsäure-Reaktion wird der Beton durch das Salz geschädigt und es entstehen enorme Schäden.[181] Dieselbe Gefahr droht auch Pflanzen und Böden.

Setzt man die Rost- und Bauschäden ins Verhältnis zu den kostspieligeren salzfreien Streumitteln, dann wäre es in jedem Fall günstiger, auf Salz zu verzichten. Das wird aber nicht gemacht und soll auch gar nicht erst diskutiert werden.

Da es hier weder um Sicherheit noch um Umweltbelange geht und Kosten offenbar auch keine Rolle spielen, bleibt der Verdacht, dass absichtlich Salzmischungen verwendet werden, die besonders aggressiv sind, um den Autobestand so schnell wie möglich zu reduzieren und die Automobilindustrie mit dieser »Abwrackmaßnahme« anzufeuern. Verdächtig ist auch, dass es zu diesem Thema kaum Daten gibt und sowohl Politik als auch Gemeinden oder Automobilverbände sich in Schweigen hüllen.[182]

Das ist nur ein Beispiel dafür, wie Produkte heutzutage absichtlich zerstört werden, um die Wachstumsgesellschaft trotz gesättigter Märkte weiter anzutreiben, und weshalb Deutschland im Verhältnis zu anderen Ländern immer ärmer wird. Ihr Besitz wird mutwillig zerstört, und jede Diskussion zu diesem Thema schon im Ansatz als »Verschwörungstheorie« abgetan.

»Es ist möglich, dass der Deutsche doch einmal
von der Weltbühne verschwindet,
denn er hat alle Eigenschaften, sich den Himmel zu erwerben,
aber keine einzige, sich auf Erden zu behaupten,
und alle Nationen hassen ihn, wie die Bösen den Guten.
Wenn es ihnen aber wirklich einmal gelingt, ihn zu verdrängen,
wird ein Zustand entstehen, in dem sie ihn wieder mit den
Nägeln aus dem Grabe kratzen mögen.«

Christian Friedrich Hebbel (1813–1863), Tagebucheintrag, 4. Januar 1860

Zusammenfassung: Wie die Deutschen ausgebeutet werden

Dass die Deutschen zu den Europäern mit den niedrigsten Vermögen gehören, lässt sich dadurch erklären, dass es enorme Geldabflüsse aus dem Land gibt, von denen die meisten gar nichts wissen. Während in Ländern wie Italien der Staat arm und die Bevölkerung reich ist, verhält es sich bei uns umgekehrt: Der deutsche Staat ist reich, doch nur, weil er Steuern in Rekordhöhe eintreibt, was zu Armut unter den Bürgern führt. Und dieser reiche Staat meint, dieses Geld einfach so verschleudern zu dürfen.

Unsere Ausbeutung spielt sich auf verschiedenen Eben ab. Wir haben die höchsten Steuern und Abgaben auf der Welt, und unser Wohlstand wird über Exportüberschüsse ständig zur Ader gelassen. Das Ausland kauft Waren bei uns ein und lässt anschreiben, sodass Verbindlichkeiten auflaufen, die Waren aber nicht real bezahlt werden. Dadurch ist inzwischen ein Fehlbetrag von über 3000 Milliarden Euro entstanden. Dieses Geld fehlt in unserem eigenen Land. Ursache dafür ist letztlich der Euro, der zu einem viel zu niedrigen Kurs anstelle der D-Mark eingeführt wurde.

Alsdann wird uns Geld in Form von Subventionen entwendet, welche in die Taschen weniger fließen, gefolgt von einem riesigen, immer teurer werdenden Beamtenapparat, der in Zukunft gewaltige Pensionslasten nach sich ziehen wird. Ganz zu schweigen von der zweitgrößten Entwicklungshilfe der Welt, die oft für völlig unsinnige Projekte verwendet wird und letztlich bei korrupten

Politikern landet; der Flüchtlingskrise, die Deutschland bisher fast alleine stemmen musste, uns ganze 5800 Milliarden Euro kosten wird und die eine enorme Wohnungsnot bei uns erzeugt hat; und dem »Klimaschutz« und der »Energiewende«, die uns teuer zu stehen kommen werden. Letzteres ist umso unverständlicher, weil Deutschland international bei der Emission von Klimagasen praktisch keine Rolle spielt. Mittlerweile hat uns die Energiewende den höchsten Strompreis der Welt beschert.

Last, but not least ist der Börsenzauber zu nennen, der zu einer immer schlechteren Produktqualität geführt hat und dazu, dass Waren absichtlich so hergestellt werden, dass sie schnell verschleißen – all dies, um die Börsenkurse mit dem Shareholder Value nach oben zu treiben. Und die vielgerühmte Forschungsförderung, die weitgehend in heißer Luft verpufft und im Verhältnis zu den hohen Investitionen kaum Resultate bringt. Das alles bezahlen Sie mit Ihrem Geld. Diese Geldtransfers erklären, warum die Deutschen zu den Ärmsten in der EU zählen.

Doch dies ist noch lange nicht das Ende des Verarmungsprozesses, denn Ihnen soll auch noch das weggenommen werden, was Ihnen geblieben ist.

»Wahrlich, ein starker Wind ist Zarathustra allen Niederungen; und solchen Rath räth er seinen Feinden und allem, was spuckt und speit: ›Hütet euch, gegen den Wind zu speien!‹«

Friedrich Nietzsche (1844–1900), *Also sprach Zarathustra*, 1883–1885

TEIL 2

Warum wir noch mehr verarmen werden

In Teil 1 haben wir gesehen, warum die Deutschen hinsichtlich des persönlichen Vermögens inzwischen ganz unten rangieren, obwohl sie über die stärkste Wirtschaft in Europa verfügen und die fleißigsten Arbeiter sind. In Teil 2 befassen wir uns mit dem drohenden Verlust Ihres aktuellen Besitzes. Denn es bahnt sich die Katastrophe an, dass wir in Zukunft praktisch kein Wirtschaftswachstum mehr haben werden. Die guten Zeiten sind endgültig vorbei.

»Die Neigung, sich für fremde Nationalitäten und Nationalbestrebungen zu begeistern, auch dann, wenn dieselben nur auf Kosten des eigenen Vaterlandes verwirklicht werden können, ist eine politische Krankheitsform, deren geographische Verbreitung sich leider auf Deutschland beschränkt.«

Otto von Bismarck (1815–1898),
Rede im Abgeordnetenhaus des Preußischen Landtags, 1863

Deutschland in der Dauerrezession

Schon 2023 stellten führende Wirtschaftsforschungsinstitute wie das Deutsche Institut für Wirtschaftsforschung (DIW) in Berlin, das Kiel Institut für Weltwirtschaft (IfW Kiel), das Leibniz-Institut für Wirtschaftsforschung (RWI) in Essen und das ifo Institut in München fest, dass die jährlichen Wachstumsraten in Zukunft deutlich unter 1 Prozent liegen werden. Das wäre viel niedriger als der Durchschnitt der letzten 30 Jahre.

Laut DIW-Präsident Marcel Fratzscher sind die Ursachen dafür nicht in der Coronakrise oder dem Ukrainekrieg zu suchen, sondern »auf eigene Versäumnisse« zurückzuführen. »Wenn die verschlafene Transformation der Wirtschaft zu einer Deindustrialisierung führen sollte, dann könnte«, so Fratzscher, »das Wachstumspotenzial noch stärker sinken«. Stefan Kooths vom IfW Kiel erklärte, dieser Rückgang sei »noch nicht das Ende der Fahnenstange. […] Was wir in den vergangenen Jahrzehnten gewohnt waren, wird innerhalb relativ kurzer Zeit auf ein Drittel schrumpfen.« Hinzu kommt seiner Ansicht nach »die Umstellung auf eine klimaneutrale Energieversorgung«, welche Unsummen an Geld verschlingen würde. Außerdem drohten »Verteilungskonflikte […], weil die Babyboomergeneration in Rente geht«.[183]

Überdies warnte die Chefin des Internationalen Währungsfonds Kristalina Georgiewa die Welt vor negativen wirtschaftlichen Auswirkungen durch eine Neuordnung der globalen Lieferketten im Zuge des Ukrainekrieges. Sie meinte, »eine Reorganisation der Lieferketten würde im schlimmen Fall bis zu

7 Prozent des weltweiten Bruttoinlandprodukts kosten. Dies würde die Volkswirtschaften von Deutschland und Japan [wortwörtlich!] ›auslöschen‹«.[184]

Von der realwirtschaftlichen Seite her haben wir also keine Verbesserung zu erwarten, denn von einem Aufschwung ist weit und breit nichts zu sehen. Mit einer Verschlechterung hingegen ist durchaus zu rechnen, wenn all die Blasen am Finanzmarkt platzen. Und davon sind am Immobilien- und Finanzmarkt in den letzten Jahrzehnten einige ganz enorme entstanden.

»Jeder, sieht man ihn einzeln,
ist leidlich klug und verständig;
sind sie in corpore (alle zusammen),
gleich wird euch ein Dummkopf daraus.«

Friedrich Schiller (1759–1805), *Musenalmanach. Xenien und Votivtafeln*, 1797

Gewaltige Finanzblasen durch 40 Jahre sinkende Zinsen

Eine Hauptursache dafür, dass es am Finanzmarkt der letzten 40 Jahren von Unterbrechungen abgesehen immer aufwärts ging, ist das permanent sinkende Zinsniveau.

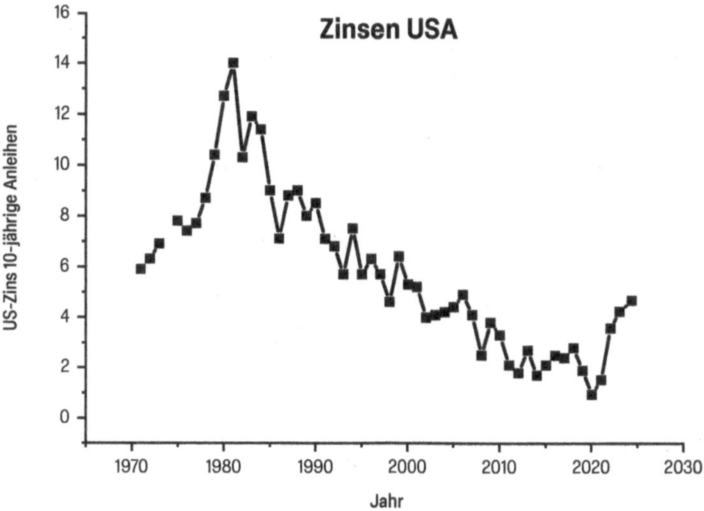

Abb. 8: Zinsen für 10-jährige Anleihen in den USA

Hatten wir in den USA im Jahr 1981 noch Zinsen von fast 16 Prozent auf 10-jährige Anleihen, so ist der Zins bis 2020 auf nur noch 0,7 Prozent gesunken. Dieser sukzessive Rückgang der Zinsen über 40 Jahre hat bewirkt, dass das renditesuchende Kapital zunehmend aus dem immer weniger lukrativ werdenden

Geldmarkt in die Spekulation an der Börse und in den Immobilienmarkt gewandert ist. Das Ergebnis dieser Entwicklung waren immer stärker steigende Aktienkurse.

Es ist kein Zufall, dass der Börsenboom gerade Anfang der 1980er-Jahre beginnt, als die Zinsen zu sinken beginnen. Vor 1980 waren Aktien für die Masse der Anleger völlig belanglos, sie waren ein Randinvestment für Reiche, nicht mehr. (Siehe Abb. 9) Erst mit den sinkenden Zinsen wurden sie für das breite Volk attraktiv, da der Geldmarkt kaum noch Rendite brachte und die Börse starke Gewinne versprach. Das führte dazu, dass die Börsen exponentiell nach oben schossen. In der Natur enden jedoch alle exponentiell verlaufenden Entwicklungen im Kollaps.

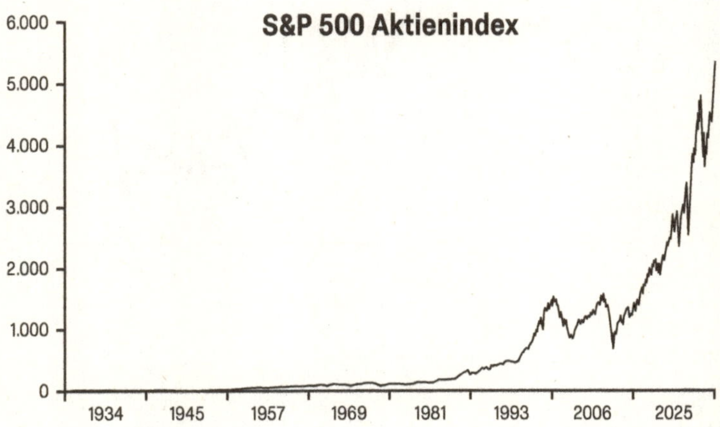

Abb. 9: Der amerikanische Aktienindex S&P 500 entwickelt sich exponentiell

Dass es zum Großteil nur die gesunkenen Zinsen waren, welche die Aktienkurse so stark nach oben trieben, beweist auch eine

Studie der amerikanischen Notenbank Fed, in der vor dem »Ende der goldenen Ära für Aktien« gewarnt wird. Das Wachstum des Bruttoinlandsproduktes (BIP) ist nach dieser Studie in den letzten 30 Jahren immer mehr zurückgegangen, »während die Unternehmensgewinne leicht gestiegen sind« – und zwar schneller als in den 40 Jahren zuvor. Sinkende Zinsen und Unternehmenssteuern seien den Unternehmen zugutegekommen und für ganze 40 Prozent des Zuwachses bei den Unternehmensergebnissen verantwortlich. Ohne die sinkenden Zinsen und Steuern wären die Unternehmensgewinne und damit auch die Börsen nur um 4,5 Prozent statt um 7,76 Prozent gestiegen, also wesentlich langsamer, und damit wären die Gewinne nur so schnell gestiegen wie auch das BIP.[185]

Das überdurchschnittliche Wachstum der Börse war also großteils nur auf sinkende Zinsen und sinkende Unternehmenssteuern zurückzuführen, wohingegen die Börse jetzt mit dem Zinsanstieg seit 2022 immer mehr unter Druck kommt.

Oft wird hier fälschlich angenommen, die Zinsen würden im Hinterzimmer einer Notenbank administrativ festgelegt. Doch in Wirklichkeit erschafft der Markt die Zinsen, während die Notenbank dieser Entwicklung folgt.

Die Notenbanken können die langfristigen Zinsen kaum beeinflussen

Die Notenbank kann nur den Refinanzierungszinssatz für die Banken beeinflussen. Das ist jener Zinssatz, zu dem Geschäftsbanken bei ihr Geld leihen können. Auf die viel wichtigeren langfristigen Marktzinsen hat das aber kaum eine Auswirkung. Dass die Entwicklung der Marktzinsen mit Notenbankentscheidungen nichts zu tun hat, sehen Sie dran, dass beispielsweise die Zinsen für 10-jährige Anleihen in den USA schon seit Anfang 2022 steigen, während die Notenbank gerade einmal im Sommer mit ihren ersten kleinen Zinssteigerungen begann. Bis die Notenbank reagierte, hatte sich der Marktzins schon von 1,5 Prozent auf über 3 Prozent verdoppelt.

Ähnlich ist es auch bei der Umlaufrendite in Deutschland, die bereits seit Anfang 2022 von – 0,5 Prozent auf + 1,5 Prozent stieg, bis die Europäische Zentralbank (EZB) überhaupt erst daran dachte, die Zinsen zu erhöhen. Dasselbe können Sie auch an der Entwicklung der Marktzinsen im Oktober 2023 beobachten. Damals machten die Notenbanken keine weiteren Zinserhöhungen, und trotzdem stieg der Zins für 10-jährige Staatsanleihen in den USA auf über 5 Prozent und die Umlaufrendite in Deutschland auf fast 3 Prozent. Damit ist klar, dass die Notenbank keine Zinsen macht, sondern nur dem Zinstrend des Marktes folgt. Folglich kann die Notenbank die Zinsentwicklung auch nicht am langen Ende beeinflussen, und alle dahingehenden Hoffnungen sind völlig gegenstandslos und reine Augenwischerei für das Volk.

Halten wir also fest: 40 Jahre sinkende Zinsen haben das Kapital zunehmend in die Spekulation getrieben. Doch seit dem Jahr 2022 steigen die Zinsen erstmals wieder, und der Effekt dreht sich um. Jetzt drohen all die Finanzblasen zu platzen. Sehen wir uns diese näher an.

***»Keine Nation fühlt so sehr, als die deutsche,
den Wert von andern Nationen, und wird leider!
von den meisten wenig geachtet,
eben wegen dieser Biegsamkeit.
Mich dünkt, die andern Nationen haben recht:
eine Nation, die allen gefallen will,
verdient von allen verachtet zu werden.«***

Georg Christoph Lichtenberg (1742–1799), deutscher Physiker und Schriftsteller, aus der Aphorismensammlung *Sudelbücher*, 1800/1844

Die größte Börsenblase aller Zeiten

Mit den fallenden Zinsen wurde die Börse in immer größere Regionen gepusht. Es gibt hier jedoch mehrere Faktoren, die ganz klar eine Blasenbildung anzeigen.

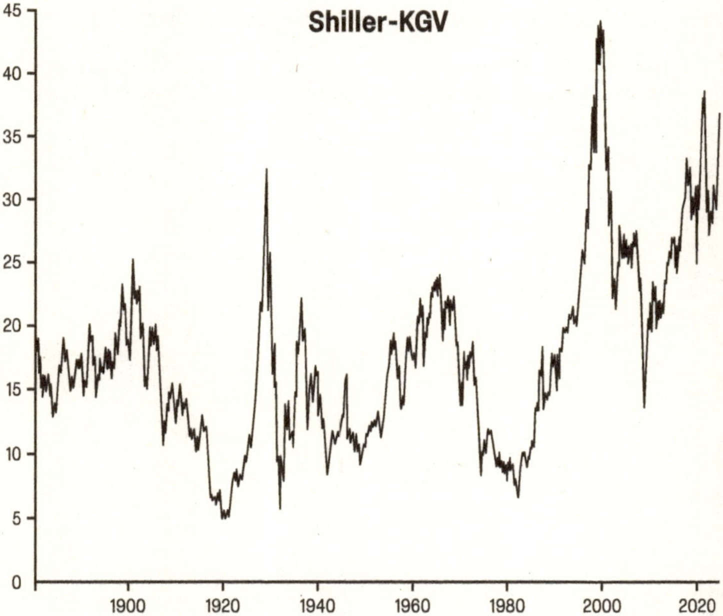

Abb. 10: Das Shiller-KGV auf Crashniveau

- Das Shiller-KGV (Kurs-Gewinn-Verhältnis) ist auf 10 Jahre gerechnet und liegt mit etwa 16 im mittleren Bereich. Mit über 36 im März 2024 war es jedoch fast doppelt so hoch und lag deutlich über dem Wert von 32, der vor dem Crash 1929 erreicht wurde und zur Weltwirtschaftskrise führte. (Siehe Abb. 10)

- Die Marktbreite ist sehr gering, weshalb nur wenige Aktien überhaupt steigen und damit die Indizes nach oben ziehen. Während von Beginn des Jahres bis zum Herbst 2023 die sieben stärksten Aktien in den USA um fast 70 Prozent gestiegen sind, haben die übrigen 493 Aktien im Aktienindex S&P 500 allesamt gar nichts hinzugewonnen. Genauso hatte der DAX mit den wenigen starken Unternehmen von Anfang 2022 bis Frühjahr 2024 eine Wertsteigerung von etwa 20 Prozent, während der MDAX mit den meisten mittelständischen Unternehmen ganze 20 Prozent an Wert verlor.
- Während in den letzten 15 Jahren die Gewinne der DAX-Unternehmen nur um 84 Prozent zugenommen haben, ist der DAX selber um 350 Prozent gestiegen. 2023 waren die Gewinne der DAX-Konzerne sogar um 1,5 Prozent gesunken, dennoch stieg der DAX in diesem Jahr um 19 Prozent. Sogar die Unternehmensgewinne rechtfertigen also keinen solch immensen Anstieg der Börsenkurse.[186]

Es lässt sich erkennen, dass die Börsenkurse der Indizes jeden Bezug zur Realität verloren haben. Nur wenige Aktien treiben die Indizes.

Eine Börse, die von Gier, Spekulation und Wunschträumen lebt

Da es seit 2020 mit der Coronakrise immer schwerer wurde, diese explodierenden Börsenkurse durch eine realwirtschaftliche Entwicklung zu fundieren, ging man dazu über, auf »Hoffnungen« zu setzen.

- Während der Pandemie brachte den Börsen Ende 2020 die Hoffnung auf ein baldiges Ende der Krise ein Rekordhoch ein. Doch statt eines Wachstums von über 5 Prozent im Jahr 2021, wie es der damalige Wirtschaftsminister Peter Altmaier versprochen hatte, hatten wir nur einen Wirtschaftsleistungszuwachs von 2,4 Prozent. Doch daran störte sich die Börse nicht, sondern ging auf neue Rekordkurse zu. Jetzt, im Jahr 2024, haben wir überhaupt erst den Stand der Wirtschaftsleistung von 2019, also vor der Coronakrise, wieder erreicht. Es hat seit damals also keinerlei Wirtschaftszuwächse gegeben, es waren verlorene Jahre. Also führte nur die Propaganda einer angeblich neuen Hoffnung dazu, dass die Börsen auf neue Rekorde getrieben wurden, die nicht gerechtfertigt waren.
- Dasselbe ereignete sich wieder, als 2022 der Ukrainekrieg ausbrach. Alsbald wurde das Gerücht gestreut, die Ukraine würde im März 2022 Friedensgespräche mit Russland suchen, und schon kletterte der DAX an nur einem Tag mehr als 1000 Punkte nach oben. Obwohl es gar nicht zu Friedensgesprächen kam, korrigierte die Börse auch diese Fehlentwicklung nicht, sondern die Kurse blieben oben.
- Ähnliches konnte man im Herbst 2023 beobachten, als es plötzlich hieß, 2024 würden die Notenbanken die Zinsen wieder senken. Diese Nachricht zündete ein Kursfeuerwerk, das die Börsen auf neue Rekordhochs katapultierte. Dass die Notenbanken dann erklärten, so bald doch keine Zinssenkungen machen zu wollen, ignorierte die Börse einfach, und die Kurse hielten sich weiterhin oben.

Hinzu kommt, dass die Börsenkurse in den letzten Jahren immer schneller angestiegen sind, ja sogar exponentiell wachsen. Doch ausnahmslos jedes exponentielle Wachstum endet naturgemäß in der Selbstzerstörung, weil nichts in einem begrenzten Raum mit zunehmender Geschwindigkeit wachsen kann, ohne sich letzten Endes selbst zu vernichten. Das beste Beispiel dafür ist der Tumor, der immer schneller wächst und schließlich mit dem befallenen Körper zusammen zugrunde geht. Solche Naturgesetze gelten auch für die Wirtschaft, und auch die Börse kollabiert, wenn ihre Werte ohne Unterlass nach oben schnellen. Deshalb ist ein sich stetig beschleunigendes Börsenwachstum keinesfalls ein gutes Zeichen, sondern ein Alarmsignal für einen bevorstehenden Totalkollaps.

Halten wir fest: Die Hauptantriebsfaktoren für die Börse wie eine gut funktionierende Wirtschaft, sinkende Zinsen und eine steigende Geldmenge sind heute alle nicht mehr vorhanden. Es gibt keinen vernünftigen Grund mehr, weshalb die Börse steigen sollte. Eine nur von Gier und Spekulation getriebene Börse war aber noch nie stabil, sondern crashte früher oder später unweigerlich.

Doch wir haben noch ein weiteres Risiko, und das ist der Euro. Er ist und bleibt eine instabile Währung, die jederzeit kollabieren kann.

»Die Menschen glauben viel leichter eine Lüge, die sie schon hundertmal gehört haben, als eine Wahrheit, die ihnen völlig neu ist.«

Alfred Polgar (1873–1955), einem österreichischen Schriftsteller und Kritiker, zugeschrieben

---

Mit dem Eurocrash zum Bankrott Deutschlands

Auch wenn darüber in den Medien nicht mehr gesprochen wird, ist der Euro nach wie vor alles andere als eine stabile Währung. Das liegt daran, dass er völlig falsch konstruiert ist. Statt Länder zu vereinen, welche ökonomisch ähnlich strukturiert sind, hat man die unterschiedlichsten Staaten unter einen Währungshut gepackt. Dadurch gibt es permanente Kapitalverschiebungen von den ärmeren Ländern in die reicheren Länder. Die armen Staaten haben dabei ein Leistungsbilanzdefizit, während vor allem Deutschland einen Leistungsbilanzüberschuss hat. Das sieht man an den hohen Target2-Salden von über 1000 Milliarden Euro. Eine Ursache dafür ist, dass die D-Mark bei der Einführung des Euros mit einem viel zu geringen Kurs bewertet wurde.

Auf diese Weise wurde das Vermögen der Deutschen völlig entwertet, und gleichzeitig entstanden extreme Ungleichgewichte. Anfangs feierten die Südländer den Euro, weil ihr Vermögen aufgewertet wurde und sie sich über die niedrigeren Zinsen freuten. Als Griechenland 2011 dann einräumen musste, weitaus mehr Schulden zu haben, als offiziell verlautbart, kam es zur Eurokrise. Da deren Ursache – die Verschiedenheit der Länder – aber nie bereinigt wurde, schwelt der Krisenherd weiter.

Mit anderen Worten passen die am Euro beteiligten Länder einfach nicht zusammen, sie sind viel zu ungleich, als dass sie jemals mit einer gemeinsamen Währung arbeiten könnten. Deshalb wird es bei der nächsten Finanzkrise wahrscheinlich zu einer neuen Eurokrise kommen.

Für Deutschland wird es dann richtig gefährlich, denn wir hatten uns in der Eurokrise von 2011 dazu verpflichtet, den Euro zu retten, wenn er in Bedrängnis kommt. Tritt nämlich erneut eine neue Eurokrise ein und müssen Problemländer wie Italien oder Spanien aussteigen, sind deren Target2-Schulden nicht mehr einbringbar und müssen vom Steuerzahler getragen werden. Das sind für die Problemländer Italien immerhin 466 Milliarden Euro, Spanien 391 Milliarden Euro, Frankreich 170 Milliarden Euro und Griechenland 110 Milliarden Euro.

Weitere Kosten entstehen durch den Europäischen Stabilitätsmechanismus (ESM), einer Finanzierungsinstitution mit Sitz in Luxemburg. Dieser wurde am 27. September 2012 in Gestalt eines völkerrechtlichen Vertrags gegründet. Dieser ESM-Vertrag ist Teil des »Euro-Rettungsschirms«. Seine Aufgabe ist es, überschuldete Mitgliedsstaaten der Eurozone durch Kredite und Bürgschaften zu unterstützen, um deren Zahlungsfähigkeit zu sichern.

Zwar wurde die deutsche Beteiligung durch eine Entscheidung des Bundesverfassungsgerichts auf 190 Milliarden Euro gedeckelt, doch reicht eine Abstimmung im Bundestag aus, um die Lasten beliebig weiter zu erhöhen. Damit ist absehbar, dass eine eventuell notwendig werdende Eurorettung Deutschland mit massiven Kosten belasten würde. Spätestens dann wird die Gemeinschaftswährung für Deutschland ein reines Verlustgeschäft sein.

Wie kritisch die Lage speziell im drittgrößten Euroland Italien ist, wurde erst vor Kurzem deutlich: Anfang März 2024 hatte »das Statistikamt in Rom bekannt gegeben, dass die staatliche Neuverschuldung für 2023 nicht wie geplant bei 5,3 Prozent des Bruttoinlandsproduktes (BIP) liegt, sondern bei 7,2 Prozent«. Doch selbst diese Rate wird von Ökonomen angezweifelt, welche von einer Neuverschuldung von bis zu 8 oder sogar 10 Prozent ausgehen. Hintergrund dieser Rekordverschuldung ist eine großzügige Bauförderung Italiens mit dem 2020 eingeführten »Superbonus«. »Damit bezahlte der italienische Staat seinen Bürgern vollständig Investitionen wie neue Heizanlagen, Solarpaneele und Dämmungsarbeiten.« Die dadurch entstandenen Kosten belaufen sich auf etwa 210 Milliarden Euro oder 10 Prozent des BIP.[187]

Das erinnert schon sehr an die erste Eurokrise 2011, als Griechenland plötzlich seinen Schuldenstand korrigieren musste und infolgedessen der Euro ins Wanken geriet. Die damals frisch gewählte Regierung musste im Oktober 2009 den wirklichen Stand der Neuverschuldung von offiziell 3,7 Prozent plötzlich auf 12,7 Prozent zum BIP korrigieren. Deshalb stiegen die Zinsen für Griechenland und schließlich für andere Südländer, was diese in eine schwere Krise stürzte. Nur mit breit angelegten Rettungsprogrammen konnte der Euro an einem Zusammenbruch gehindert werden.[188]

Vorkommnisse wie die aktuellen in Italien zeigen, wie instabil das Eurosystem in Wirklichkeit ist. Da kann Deutschland schnell in die Pflicht genommen werden und läuft angesichts dieser hohen Kosten Gefahr, selbst den Staatsbankrott erklären zu müssen. Und dafür müssen dann die deutschen Bürger haften.

Sollte es tatsächlich zu einem Eurocrash kommen und der Staat nicht mehr über die gleichen Einnahmen wie heute verfügen, wird schnell nach einem Lastenausgleich gerufen werden.

»In diesem Sinn können die Kommunisten ihre Theorie in dem einen Ausdruck: Aufhebung des Privateigentums, zusammenfassen.«

Karl Marx (1818–1883) und Friedrich Engels (1820–1895),
Manifest der Kommunistischen Partei, 1848

Lastenausgleich: Warum Immobilien gefährdet sind

Zu dieser Thematik passt der drohende Lastenausgleich, den wir schon einmal hatten und von dem vor allem Immobilien betroffen sind. Immerhin bestehen nahezu 60 Prozent des Volksvermögens aus Immobilien, nur etwa 30 Prozent aus Geldvermögen – es liegt also nahe, dass der Staat im Falle einer Finanznot gerade die über das Grundbuch sofort zugänglichen Immobilien belasten wird.

Dabei taugen Immobilien schon jetzt kaum mehr etwas, und das wird sich auch nicht ändern, wenn eine Inflation kommt. Oft wird nämlich angenommen, dass Sachwerte wie Immobilien (unter anderem inflationsbedingt) an Wert gewinnen und dementsprechend teurer werden. Doch das muss keineswegs so sein. So sank während der Hyperinflation 1923 die reale Kaufkraft der Verbraucher auf 40 Prozent der Vorkriegszeit, weshalb es an Mitteln fehlte, um beispielsweise Immobilienkäufe zu tätigen. Folglich ließen sich Immobilien trotz ihres an und für sich hohen Wertes oft nicht verkaufen. Es war einfach kein Markt vorhanden. Man sollte also in einer Hyperinflation nicht auf einen Immobilienverkauf angewiesen sein.

Nach dem Zweiten Weltkrieg kam es 1948 zur Währungsreform. Und im Zuge der staatlichen Maßnahmen zur Beseitigung der durch den Krieg entstandenen Schäden wurden insbesondere Eigentümer von Immobilien durch den sogenannten Lastenausgleich massiv belastet. Um die größte Not zu bekämpfen, wurde vom Deutschen Bundestag das sogenannte Soforthilfegesetz beschlossen, das im August 1949 in Kraft trat und dem im August 1952 das Gesetz über den Lastenausgleich (Lastenausgleichsgesetz, LAG) folgte.

Doch die monatliche Unterhaltshilfe von 70 D-Mark kam nur denjenigen zugute, die durch den Krieg materiellen Schaden erlitten hatten. Diese mit Rechtsanspruch ausgestattete Rente war nicht höher als Leistungen, die bis dahin an die Vertriebenen ausgezahlt wurden. Finanzieren mussten diese Maßnahme die Grund- und Immobilienbesitzer. Sie wurden mit einer 2- bis 3-prozentigen Vermögensabgabe und einer Hypothekengewinnabgabe belastet.

Vertriebene bekamen von dem Betrag für ihren nachgewiesenen Schadensbetrag eine umgekehrt proportionale Entschädigung, die von 95 Prozent (für Schäden unter 5000 Reichsmark) bis 6,5 Prozent (für Schäden über 1 Million Reichsmark) gestaffelt war. Die Beträge des Lastenausgleichs beliefen sich von 1949 bis 1991 auf 121,2 Milliarden D-Mark (etwa 61,9 Milliarden Euro).[189]

Die wenigsten wissen, dass dieses Lastenausgleichsgesetz immer noch existiert und nur darauf wartet, wieder in Kraft gesetzt zu werden. Im Grundgesetz §14 steht eindeutig: »Eigentum verpflichtet. Sein Gebrauch soll zugleich dem Wohle der Allgemeinheit dienen. Eine Enteignung ist nur zum Wohle der Allgemeinheit zulässig. Sie darf nur durch Gesetz oder auf Grund eines Gesetzes erfolgen, das Art und Ausmaß der Entschädigung regelt.«

Das heißt, dass grundsätzlich enteignet werden darf, dazu ist nur ein schnell abgesegnetes Gesetz erforderlich. Sollte also der Staat in Finanznot geraten, hat er das Recht, vor allem Immobilien mit Abgaben zu belasten, was bis hin zur Enteignung mit minimaler Entschädigung geht.

Dafür, dass dies keine bloße Theorie ist, sondern schon lange angedacht wird, ist die Aussage von DGB-Chef Reiner Hoffmann aus dem Jahr 2022 ein gutes Beispiel, in der er einen Lastenausgleich wie nach dem Zweiten Weltkrieg anregte. Durch den Ukrainekrieg sei eine völlig neue Situation entstanden, in der es keine Denkverbote geben dürfe. Daher sollte man auch über eine Vermögensabgabe wie beim Lastenausgleich nachdenken.[190]

Doch immer mehr geht der Staat auch dazu über, die Vermögenswerte der Anleger zu erfassen. Dass diese Bedrohung real ist, zeigt das neue Vermögensverschleierungsbekämpfungsgesetz (VVBG). Damit sollen den Behörden neue Befugnisse zur Ermittlung sogenannter »verdächtiger Vermögensgegenstände« geschaffen werden, und der Staat kann jederzeit ohne Strafverfahren über das Ermittlungszentrum Vermögensverschleierung Vermögenswerte privater Leute feststellen lassen.

Zwar geht es hier offiziell um Geldwäschebekämpfung, doch der Verdacht liegt nahe, dass in Wirklichkeit das private Vermögen erfasst werden soll, um bei einem Lastenausgleich darauf zugreifen zu können.[191]

Doch auch wenn man von einem Lastenausgleich absieht, sind heute Immobilien eine sehr riskante Geldanlage, denn es droht ein Crash ungeahnten Ausmaßes.

***»In der Politik geschieht nichts zufällig.
Wenn etwas geschieht, kann man sicher sein,
dass es auch auf diese Weise geplant war.«***

Franklin D. Roosevelt (1882–1945), dem 32. Präsidenten der USA, zugeschrieben

Es droht ein Immobiliencrash

Bis 1995 sind die Immobilienwerte in Deutschland sehr stark gestiegen. Danach stagnierte die Entwicklung bis zur Finanzkrise 2008. Seither schossen die Immobilienpreise abermals im Rekordtempo ungebremst nach oben, und auf dem Markt zeigten sich immer mehr Anzeichen für eine massive Blasenbildung. 2022 wurde das Maximum erreicht, und bei gleichzeitig steigenden Zinsen begannen die Immobilienpreise langsam wieder zu sinken, sodass 2023 die Preise für Wohnimmobilien im Vergleich zum Vorjahr um ganze 8,4 Prozent und allein im dritten Quartal 2023 um ganze 2 Prozent zum Vorquartal nach unten gingen. Das ist der stärkste Preisrückgang bei Immobilien seit Beginn der Zeitreihe. In städtischen Kreisen waren es für Ein- und Zweifamilienhäuser sogar 11 Prozent.[192]

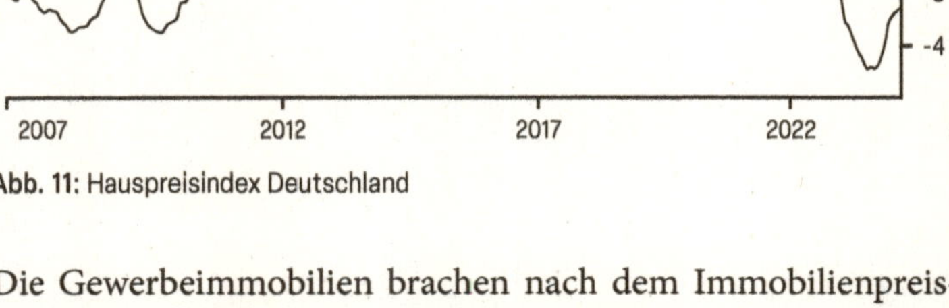

Abb. 11: Hauspreisindex Deutschland

Die Gewerbeimmobilien brachen nach dem Immobilienpreisindex des Verbands Deutscher Pfandbriefbanken (vdp) im dritten Quartal 2023 im Vergleich zum Vorjahresquartal gleich um

16,5 Prozent ein – ebenfalls ein Rückgang, den es in dieser Statistik noch nie gegeben hat.[193]

Doch das schlimme Ende kommt erst. Denn bisher sträuben sich viele Verkäufer noch, mit ihren Preisforderungen nach unten zu gehen, weil sie nach wie vor die Rekordpreise von 2022 im Kopf haben und meinen, wenn sie abwarten, diese noch erzielen zu können. Es dauert also ein wenig, bis die Preise nach unten angepasst werden.

Hinzu kommt, dass laut Faustregel 1 Prozent Zinserhöhung am Markt zu einem Rückgang der Immobilienpreise von 16 Prozent führt. Hatten wir 2021 noch Bauzinsen von 0,8 Prozent, so sind diese 2024 auf über 3 Prozent angestiegen. Demgemäß müssten sich die Immobilienpreise halbieren, allein um das Gleichgewicht zum Zins wiederherzustellen, denn sonst droht eine Vermögensvernichtung von ungeahntem Ausmaß. Außerdem ist die Immobilienkredithöhe heute nahezu doppelt so hoch wie vor 10 Jahren. Es liegt also sehr viel mehr Eisen im Feuer, das Crashrisiko ist viel höher.

Deutschland hat eine der größten Immobilienblasen der Welt

Dass wir eine Immobilienblase haben, zeigten nicht nur Untersuchungen der Deutschen Bundesbank, wonach die Preise bis zu 40 Prozent überhöht sind. Das beweist auch eine Studie der Schweizer UBS-Bank, in der viele Faktoren wie die Einkommensentwicklung oder das Preis-Miet-Verhältnis berücksichtigt wurden. Die Studie ergab, dass sich 2022 die Städte mit dem größten Blasenrisiko hinter dem Spitzenreiter Toronto in Deutschland befanden: Frankfurt lag auf Platz 2 und München nach Zürich auf Platz 4.[194] Andere deutsche Städte wurden nicht untersucht, es ist jedoch anzunehmen, dass sie apropos Immobilienblasen-Risiko ebenfalls ganz oben rangieren. Folglich ist die Gefahr eines Immobiliencrashs in Deutschland sehr hoch, obwohl gebetsmühlenhaft behauptet wird, Deutschland hätte keine Immobilienblase.

Dass diese im Gegenteil sogar massiv ist, zeigt folgender Vergleich: Während die Nettolöhne oder das Bruttoinlandsprodukt zwischen 2010 und 2020 gerade einmal um etwa 30 Prozent gestiegen waren, hatten sich die Immobilienpreise in dieser Zeit mehr als verdoppelt. Die hohen Preise für Häuser haben also keine realwirtschaftliche Grundlage, sondern sind einer massiven Spekulation geschuldet.

Wenn jedoch die Entwicklung ähnlich verläuft wie in den Zeiten von Weltwirtschaftskrise, Deflation und Lastenausgleich, dann steht ein massiver Preisverfall bei Immobilien bevor. Dabei ist auch die internationale Spekulationsblase nicht zu vergessen, denn in den meisten Ländern gibt es eine solche Immobilienblase. Wenn diese erst einmal platzt, wird dies den Wert des »Betongoldes« weltweit nach unten drücken.

Außerdem steigt die Arbeitslosigkeit in einer Krise rasch an. Die Kaufkraft der Bevölkerung schwindet, was zwangsläufig auf den Wohnungs- und Häusermarkt drückt. Je mehr Arbeitslose ihre Immobilie zwangsversteigern müssen, umso tiefer werden die Preise sinken. Nicht zu vergessen ist auch, dass in Krisenzeiten die Kriminalität zunimmt, und da werden vor allem in Großstädten attraktive Lagen schnell unattraktiv. Brennen in einem Stadtteil beispielsweise Autos und ziehen marodierende Banden durch die Straßen, kann es lange dauern, bis dort eine Immobilie wieder verkäuflich wird. Zieht dann auch noch unangenehme Nachbarschaft ins Viertel, werden Immobilien schnell unverkäuflich und damit nahezu wertlos.

Gerne wird auch die Wurzel »immobil« im Wort Immobilie vergessen. Während man Geld, Gold oder andere Wertgegenstände relativ schnell an einen anderen Ort bringen kann, ist man mit einer Wohnung oder einem Haus unbeweglich. Oft vergehen Monate oder vielleicht sogar Jahre, bis das Objekt veräußert werden kann. Der Verkauf ist relativ kompliziert und mit zahlreichen Vorschriften und Kosten verbunden. Und gerade in Krisenzeiten, in denen man auf einen raschen Verkauf angewiesen sein könnte, finden Immobilien oft keine Käufer, da niemand mehr Geld übrighat.

Außerdem sollte man die Gefahr nicht übersehen, dass der Staat – kommt er in Geldnot - Immobiliensteuern erlassen oder gar den Eigentümern eine Zwangshypothek verordnen kann. Wer heute eine Immobilie besitzt (erst recht eine nicht selbst bewohnte Zweitimmobilie), gilt als vermögend. Diese Personengruppe wurde in der Vergangenheit bei Steuererhöhungen relativ glimpflich behandelt. Gerade deshalb könnte es aber sein, dass in kommenden Krisen genau hier verstärkt abgeschöpft wird.

Und noch einen weiteren Aspekt sollten wir nicht außer Acht lassen: In einer Krise droht vielen überschuldeten Immobilieneigentümern der Bankrott. Sie müssen dann zu einem niedrigen Preis verkaufen, was die Immobilienpreise insgesamt massiv drückt. Auch in einer hyperinflationären Phase sieht es nicht gut aus. Wie bereits ausgeführt, konnten wegen der schwindenden Kaufkraft in der Hyperinflation 1923 Immobilien so gut wie gar nicht mehr verkauft werden.

Bei vermieteten Immobilien kommt hinzu, dass gerade in schlechten Zeiten die Gefahr besteht, dass bei den Mietern die Zahlungsmoral stark sinkt. Schon heute gibt es immer mehr Mietnomaden, die Wohnungen anmieten, keine Miete bezahlen und nach einer langwierigen rechtlichen Auseinandersetzung in eine neue Wohnung einziehen und das Ganze von vorne beginnen lassen. Je negativer sich die wirtschaftliche Lage entwickelt, umso schwieriger wird es, zuverlässige Mieter zu bekommen. Es könnte sogar passieren, dass in einer Zeit von Unruhen verboten wird, Mietern zu kündigen, um eine noch höhere Obdachlosenrate und eine damit einhergehende steigende Kriminalitätsrate zu verhindern.

Vermieter haben überdies zunehmend mit Vorschriften in Hinblick auf Antidiskriminierung zu tun. Bald wird es für sie schwierig werden, Menschen abzulehnen, die zu einer angeblich diskriminierten Minderheit oder Ethnie gehören, ohne eine Anklage zu riskieren.

Einen wirklichen Vorteil bietet in solchen Zeiten eigentlich nur die selbst bewohnte Immobilie, da man als Eigentümer hier weniger von äußeren Umständen abhängig ist als in einer Mietwohnung.

Doch auch wenn es keinen Crash gibt, sind Immobilien alles andere als eine perfekte Altersabsicherung. Viele Rentner unterschätzen die Kosten, die eine Immobilie gerade im Alter mit sich bringt. Denn genau dann, wenn die Kredite abbezahlt sind, fangen die Renovierungskosten an. Da viele Rentner jedoch den

Großteil ihres Vermögens in diese Immobilie gesteckt haben, fehlt ihnen das nötige Geld für die Renovierung der Immobilie. Wie eine Studie ergab, verfügen 34 Prozent jener Rentner, die im Besitz einer Immobilie sind, über kein weiteres Vermögen.[195]

Was die vorhandene Geldmenge allgemein anbetrifft, so sieht es nicht nur für Immobilien düster, denn die geht seit 2022 drastisch zurück.

Die Geldmenge schrumpft – der Kuchen wird erstmals immer kleiner

Die meisten Menschen haben die Vorstellung, die Notenbanken würden hemmungslos Geld drucken und den Markt damit fluten beziehungsweise wir würden in Geld regelrecht schwimmen. Dabei übersehen sie aber, dass das spätestens seit August 2022 nicht mehr stimmt, denn seither schrumpft die Geldmenge und zwar sowohl in den USA als auch im Euroraum oder der Schweiz.

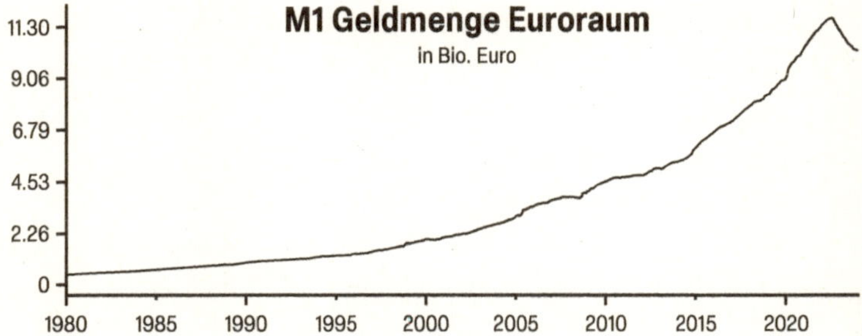

Abb. 12: Fallende M1-Geldmenge im Euroraum

Das ist umso erstaunlicher, weil es dergleichen seit fast 100 Jahren nicht mehr gegeben hat. Zuletzt fiel die Geldmenge in der Weltwirtschaftskrise der 1930er-Jahre. Damals hatte das katastrophale Auswirkungen, denn es kam zu einer deflationären Depression, die in den USA 10 Jahre dauerte und nur durch die Rüstungsproduktion beim Ausbruch des Zweiten Weltkrieges beendet wurde.

Doch jetzt ist es wieder so weit. Betrug die Geldmenge M1 im August 2022 für den Euroraum noch 11,8 Billionen Euro, so ging es damit sukzessive nach unten, und im Februar 2024 waren es nur noch 10,2 Billionen Euro – ein Rückgang um 13,5 Prozent in nur 18 Monaten. Unter der M1-Geldmenge versteht man das Bargeld und die Giralgelder.[196] Das sind rekordverdächtige Zahlen, da man nach der Weltwirtschaftskrise 1930 eigentlich gelernt hatte, dass die Geldmenge zwar steigen, aber niemals sinken darf.

Während eine sich vermehrende Geldmenge den »Geldkuchen« immer umfangreicher werden lässt und folglich auch an Arbeitnehmer, Unternehmen und Finanzmarkt größere Summen verteilt werden können, wird es im gegenteiligen Fall – also aktuell – immer enger. Dennoch wird versucht, aus einem immer kleiner werdenden Kuchen immer größere Stücke herauszuschneiden: Die Arbeitnehmer wollen mehr Lohn, die Unternehmer mehr Gewinn, und die Börse will durch vermehrte Kapitalanlagen steigende Kurse erzielen. Dies funktioniert bei einer steigenden, niemals aber bei einer schrumpfenden Geldmenge.

Die Katastrophe ist also vorprogrammiert, denn es wird nicht anders laufen als bei der Weltwirtschaftskrise 1930. Die sinkende Geldmenge wird eine deflationäre Depression bewirken, die niemand mehr aufhalten kann.

Warum die Notenbanken machtlos sind

Oft kommt hier der Einwand, die Notenbanken würden mit ihrer Reduzierung der Geldmengen doch nur den Geldüberschuss abbauen wollen und, sobald sie merken, dass sie damit eine Depression auslösen, sofort wieder »Geld drucken«.

Diese Ansicht ignoriert jedoch die Funktionsweise unseres Geldsystems. Denn darin kommt Geld nur dann in Umlauf, wenn es den Geschäftsbanken von der Notenbank zur Verfügung gestellt wird und diese es dann in Form von Krediten an die Wirtschaft weitergeben. Doch genau dieser Weg wird versperrt, je länger die Schrumpfung der Geldmenge anhält. Das heißt, ohne wachsende Kreditvergabe kann die Notenbank zwar Geld »drucken«, doch es kommt nicht in Umlauf, weil die Banken kaum noch Kredite vergeben. Der Notenbank sind die Hände hier völlig gebunden, sie kann die Abwärtsspirale nicht mehr aufhalten. Genau in dieser Falle sitzen wir jetzt.

Nicht umsonst hat der ehemalige deutsche Wirtschafts- und Finanzminister Karl Schiller in den 1970er-Jahren das geflügelte Wort geprägt: »Man kann die Pferde zwar zur Tränke führen, man kann sie aber nicht zwingen, das Wasser zu saufen.«[197] Die Notenbank kann zwar Geld drucken, aber weder die Banken dazu zwingen, dieses als Kredite an Unternehmen und Konsumenten weiterzugeben, noch die Wirtschaftsteilnehmer, Billigkredite aufzunehmen.

Interessant ist in diesem Zusammenhang, was die Deutsche Bundesbank zur Kreditvergabe schreibt, denn eine ihrer Umfragen zum Kreditgeschäft hatte bereits im Juli 2023 ergeben, dass

- die »Kreditrichtlinien in allen Kreditkategorien stärker verschärft wurden, als von den Banken zuvor erwartet«,
- die »Kreditnachfrage der Unternehmen und privaten Haushalte erneut stark rückläufig« ist,
- Banken eine weitere Verschärfung ihrer Kreditvergaberichtlinien planen.[198]

Dabei weist die Bundesbank darauf hin, die Kreditrichtlinien seien schon seit Anfang 2022 erheblich verschärft worden. Dass die Kreditnachfrage allgemein sehr zurückgegangen sei, hat sowohl mit steigenden Zinsen als auch einem geringeren Verbrauchervertrauen zu tun. Ähnliches bestätigt auch die Österreichische Nationalbank, die von einem deutlich zurückgehenden Kreditvolumen seit dem vierten Quartal 2022 spricht, das sich auch im Jahr 2024 fortsetzen werde.[199]

Mit anderen Worten: Die Kreditvergabe ist drastisch eingebrochen, folglich kann auch kein neues Geld mehr emittiert werden. Denn ohne erhöhte Kreditvergabe können die Notenbanken dem Trend einer schrumpfenden Geldmenge nicht mehr entgegenwirken. Es gibt gar kein Zurück mehr.

Wir stehen also nicht vor einem kleinen Aktiencrash, sondern hier bahnt sich ein Megacrash an.

»Wenn das amerikanische Volk jemals privaten Banken die Kontrolle über das Ausstellen des Geldes gibt, werden die Banken und Unternehmen, die um sie herumwachsen, erst durch Inflation und dann durch Deflation die Leute all ihres Besitzes berauben, bis ihre Kinder obdachlos erwachen auf dem Kontinent, den ihre Väter eroberten.«

Thomas Jefferson (1743–1826), dem Gründervater und 3. Präsidenten der USA, zugeschrieben

---

Das Problem ist, dass sich die Krisenherde aktuell summieren und gegenseitig hochschaukeln. Wir haben es nicht nur wie im Jahr 2000 unter der Internetblase mit einer aufgeblasenen Börse zu tun, sondern zusätzlich mit einer Immobilienblase und einer drohenden Währungskrise. Der Börsencrash im Jahr 2000 hatte kaum Auswirkungen auf die Realwirtschaft, obwohl der DAX bis 2002 um ganze 75 Prozent und der Aktienindex S&P 500 um 50 Prozent eingebrochen waren. Der Grund dafür ist, dass damals nur wenige Prozent des Vermögens in Aktien investiert worden waren.

Das Geldvermögen der Deutschen verteilt sich heute folgendermaßen:

- Versicherungen und Pensionskassen: 36,6 Prozent
- Bargeld und Sichteinlagen: 27,1 Prozent
- Schuldverschreibungen: 13,2 Prozent
- Aktien: 10,6 Prozent
- Investmentfonds: 10,0 Prozent
- Termin- und Spareinlagen: 1,9 Prozent
- Sonstiges: 0,5 Prozent[200]

Dabei macht das Geldvermögen nur etwa 30 Prozent des Gesamtvermögens aus, fast 60 Prozent stecken in Immobilien. Selbst ein massiver Aktiencrash trifft also nur gut 10 Prozent des Geldvermögens und 3 Prozent des Gesamtvermögens, fällt also größenmäßig kaum ins Gewicht. Und auch dann, wenn man die Investmentfonds hinzuzählt, wären von einem totalen Börsencrash nicht mehr als 6 Prozent des Gesamtvermögens betroffen. Der durchschnittliche Deutsche wird also von einem bloßen Aktiencrash kaum getroffen, und dieser wirkt sich auch nicht auf den Konsum und damit die Realwirtschaft aus.

»Ziviler Ungehorsam wird zur heiligen Pflicht, wenn der Staat den Boden des Rechts verlassen hat.«

Henry David Thoreaus (1817–1862),
»Über die Pflicht zum Ungehorsam gegen den Staat«, 1849

Der Immobiliencrash

Ganz anders sieht es jedoch bei einem Immobiliencrash aus, wie wir ihn 2008 hatten. Da fast 60 Prozent des Gesamtvermögens in Immobilien stecken, würden die Menschen von einem kräftigen Preissturz stark getroffen werden – immerhin ist der Großteil ihres Vermögens bedroht. Deshalb war die Finanzkrise 2008, die durch eine geplatzte Immobilienblase in den USA ausgelöst wurde, auch viel gefährlicher als der Börsencrash im Jahr 2000. Sie führte beinahe zu einem weltweiten Bankencrash, denn bei einem Immobiliencrash kommen auch die Banken schnell in Schwierigkeiten, weil die Rückforderung von Immobilienkrediten nicht mehr möglich ist.

2008 waren nur wenige Länder in einer Immobilienblase gefangen, mittlerweile sind es jedoch fast alle. Hatte damals das Platzen von nur einer Immobilienblase schon fast eine Weltwirtschaftskrise ausgelöst, was soll dann werden, wenn jeder Immobilienmarkt auf der Welt auf einen Schlag kollabiert und die Banken weltweit in Bedrängnis kommen?

Nun, das ist noch nicht alles: Zum hochspekulierenden Aktien- und Immobilienmarkt kommen noch eine Menge anderer Unsicherheitsfaktoren dazu.

Die nächste Finanzkrise wird viel schlimmer als die von 2008

Ebenfalls gravierender als in der Finanzkrise 2008 sind derzeit die sinkende Geldmenge und die steigenden Zinsen. Damals hatten wir eine Geldmenge im Aufwärts- und Zinsen im Abwärtstrend, was den Markt enorm stabilisiert hat. Wenn jedoch die Zinsen wie aktuell steigen, geraten Immobilien zunehmend unter Druck, weil immer weniger Käufer sich angesichts der hohen Preise die hohen Zinsen leisten können.

Dasselbe passiert auch bei einer schrumpfenden Geldmenge, wenn sich der »Geldkuchen« verkleinert. Denn dann ist zu wenig Kapital vorhanden, um überhaupt noch kaufkraftwirksam zu sein. Wie wir gesehen haben, weist die stark fallende Kreditvergabe genau darauf hin.

Führt ein Finanzcrash zu großer Unsicherheit, entsteht eine Liquiditätsfalle, was heißt, dass die Banken kein Geld mehr als Kredit vergeben beziehungsweise den Kredithahn zudrehen. In diesem Fall wird die Geldmenge noch stärker fallen und die Zinsen noch höher steigen, was den Finanzcrash weiter anheizen wird.

Doch im Moment gibt es noch einen zusätzlichen Risikofaktor, den wir 2008 nicht hatten, nämlich geopolitische Gefahren. 2008 war die Welt noch relativ stabil, es gab keine großen Spannungen auf der Welt. Das ist heute ganz anders. Mit dem Ukrainekrieg verstärken sich die Spannungen zwischen Ost und West immer weiter, und es wird selbst in den offiziellen Medien bereits vor einem Dritten Weltkrieg gewarnt.[201] Oder es wird regelmäßig auf die Gefahr hingewiesen, dass Russland bald taktische Atomwaffen einsetzen könnte.[202] Auch der Generalinspekteur der Bundeswehr Carsten Breuer mahnte: »Wir müssen uns auf einen ›Verteidigungskrieg‹ einstellen.« »Die heile Welt ist so nicht mehr vorhanden«.[203] Ganz zu schweigen von den steigenden Spannungen im Nahen Osten.

Sowohl eine weitere Eskalation des Ukrainekrieges auf NATO-Länder als auch der Einsatz von Atomwaffen wären für das Finanzsystem ein Schock, durch den unmittelbar ein Crash ausgelöst werden würde. Beide Szenarien sind nur eine Frage der Zeit.

Von der Teuerung zur Deflation

Die meisten glauben heute, dass es bei einem neuen Finanzcrash sofort zu einer Hyperinflation kommen würde. Diese Angst rührt daher, dass sich die Hyperinflation von 1923 tief ins Gedächtnis der Deutschen eingebrannt hat. Doch dass die

Deflation der Weltwirtschaftskrise in den 1930er-Jahren viel gefährlicher war, wissen heute nur die wenigsten. Deshalb erliegen viele dem Irrglauben, eine Inflation wäre das Schlimmste, was passieren könne.

»Viele Deutsche wissen nicht, dass Hyperinflation und Weltwirtschaftskrise zwei unterschiedliche Krisen waren. In ihrer Vorstellung vermischen sich beide zu einer einzigen Wirtschaftskrise.«

Bundeszentrale für politische Bildung, 2. Januar 2023

Dass die Deflation von 1930 tatsächlich wesentlich schlimmer gewesen ist als die Hyperinflation von 1923, erklärt auch die Bundeszentrale für politische Bildung: »Nach dem Abzug US-amerikanischen Kapitals und dem Zusammenbruch mehrerer Banken stürzte die deutsche Wirtschaft in eine dramatische Krise, 1932 waren über 6 Millionen Menschen arbeitslos. Diese Krise war allerdings keine Inflationskrise, ganz im Gegenteil: Der Kreislauf von steigender Arbeitslosigkeit, sinkender Kaufkraft und staatlicher Sparpolitik führte dazu, dass die Preise immer weiter fielen, also zu einer Deflation. Im Jahr 1932 sanken die Preise im Durchschnitt um 9 Prozent. Trotzdem hat sich offenbar nicht die Weltwirtschaftskrise, sondern die Hyperinflation dem kollektiven Gedächtnis eingeprägt.«[204]

Es verhält sich also genau umgekehrt, als die meisten heute erwarten: Bei einem Crash ist nicht mehr, sondern weniger Geld in Umlauf, die umlaufende Geldmenge geht zurück. Das liegt daran, dass ein Crash große Bestände des Vermögens vernichtet. Die Immobilien verlieren massiv an Wert und das Geldvermögen verringert sich ebenfalls, weil Wertpapiere wie Aktien fallen oder nicht mehr einbringbar sind. Auch für Vermögen in Form von Lebensversicherungen wird es dann kritisch, da die Versicherer schnell zahlungsunfähig werden.

Auf das Dahinschwinden von Vermögen aber reagieren die Menschen mit »Angstsparen«. Aus Angst, bald gar kein Geld zum Leben mehr zu haben, konsumieren sie nicht mehr, sondern kaufen nur noch das Nötigste. Was dann entsteht, ist eine Deflation. Deflation bedeutet, dass die umlaufende Geldmenge abnimmt und der Konsum rückläufig ist. In der Folge sinken die Preise, weil die Unternehmen dazu gezwungen sind, ihre kostbare Ware unter Wert zu verkaufen.

Das zieht dann schnell eine verhängnisvolle deflationäre Abwärtsspirale nach sich. Da es weniger Konsum gibt, sind die Unternehmen zu Preisnachlässen gezwungen. Dadurch sinken aber die Preise, sodass die Menschen in der Hoffnung auf noch niedrigere Preise mit eventuellen Käufen abwarten. Dies wiederum bringt die Unternehmen noch mehr in Zugzwang, und der ruinöse Preiskampf wird immer härter. Am Ende stehen Massenarbeitslosigkeit aufgrund von Unternehmensinsolvenzen und Bankenpleiten, weil die Kredite nicht mehr einbringbar sind.

Wenn jedoch die Banken bankrottgehen und keine Kredite mehr vergeben können, haben auch die Notenbanken keine Möglichkeit mehr, gegenzusteuern. Ohne Zunahme der Kreditvergabe können sie die Geldmenge nicht wieder erhöhen.

Die Teuerung durch Coronakrise und Ukrainekrieg

Oft hört man den Einwand, man habe doch an den Preiserhöhungen nach der Coronakrise und dem Beginn des Ukrainekrieges gesehen, wie gefährlich eine Inflation sei.

Da stellt sich die Frage: War das denn eine wirkliche Inflation? Das Wort Inflation kommt vom lateinischen Verb *inflare* und bedeutet Aufblähen. Es wird also die Geldmenge aufgebläht, und mit der größeren Geldmenge steigen dann die Preise. Doch wir hatten in den Jahren 2020–2023 gar keinen übermäßigen Anstieg der Geldmenge. Es waren vielmehr externe Faktoren wie die gestörten Lieferketten in der Coronakrise und die höheren Energiepreise nach Beginn des Ukrainekrieges, welche die Preise nach oben getrieben hatten. Es hatte also eine Teuerung und keine Inflation gegeben.

Während aber eine Inflation sehr hartnäckig ist, weil sich die erhöhte Geldmenge nicht so schnell wieder verkleinern lässt, ist die Teuerung nur ein vorübergehendes Phänomen. Wie eine Studie des ifo Instituts zeigt, sind die steigenden Preise von 2022 auf die »Verteuerung von Vorprodukten, Energie und einer Vielzahl von Rohstoffen« zurückzuführen. Sie erkläre »5,7 Prozentpunkte der um 8,3 Prozent gestiegenen Preise von in Deutschland produzierten Konsumgütern«. Dazu kämen die um 1,4 Prozentpunkte gestiegenen Gewinne von Unternehmen. Viele Unternehmen nutzten das Gerede über Inflation aus und erhöhten einfach die Preise. Steigende Löhne machten damals nur 0,6 Prozent der Preissteigerung aus.[205]

Die Preissteigerungen von 2021 bis 2023 hatten also rein gar nichts mit einer wirklichen Inflation zu tun, sondern waren eine extern verursachte Teuerung. Das beweisen auch die Inflationszahlen für den Euroraum: Im Jahr 2020 war die Inflation auf nur noch 0,3 Prozent gesunken. Erst durch die gestörten Lieferketten stieg die Inflationsrate dann 2021 auf 2,5 Prozent und nach dem Ukrainekrieg 2022 auf 8,5 Prozent.[206]

»Die Inflation ist schlimm. Aber wartet nur, bis wir Deflation haben: da riecht es nach Blut in Europa.«

Silvio Gesell (1862–1930), Sozialreformer
und Wirtschaftsrevolutionär, 1923

Warum eine Deflation viel schlimmer ist als eine Inflation

Der landläufigen Meinung, uns könne nichts Schlimmeres widerfahren als eine Inflation, widerspricht jedoch die Geschichte. Denn diese zeigt, dass ganz im Gegenteil alle großen Wirtschaftskrisen auf einer Deflation beruhten. Während beispielsweise die oft genannte Hyperinflation von 1923 gerade einmal wenige Monate dauerte und danach direkt in die »Goldenen Zwanzigerjahre« mündete, sah das bei der Deflation ganz anders aus.

Ausgelöst durch einen Aktiencrash im Oktober 1929, hielt die Deflation von 1930 in den USA ganze 10 Jahre an und wurde überhaupt erst durch die Rüstungsproduktion zu Beginn des Zweiten Weltkrieges beendet. Die Deflation dauerte also nicht nur viel länger, sondern war auch viel einschneidender als jede Inflation und führte direkt zum Krieg.

Es wird auch gerne vergessen, dass es in einer Inflation nicht nur Verlierer wie die viel zitierte Oma mit ihrem wertlos werdenden Sparbuch gibt, sondern auch viele Gewinner. Bei der Hyperinflation von 1923 gewonnen haben all die überschuldeten Handwerker und Bauern, denn sie wurden auf einen Schlag ihre Schulden los. Für viele war die Hyperinflation ein Weg aus der Überschuldung und damit sehr willkommen.

Bei der Deflation von 1930 hingegen haben fast alle verloren, es gab kaum Gewinner. Das liegt daran, dass nicht nur durch Bankenpleiten das Geldvermögen vernichtet wurde, sondern auch Realvermögen wie Immobilien in nur wenigen Jahren 90 Prozent ihres Wertes einbüßten. Unternehmen machten Pleite, weil sie nichts mehr verkaufen konnten, und in den USA kam es sogar zu einer Hungersnot, weil die Herstellungskosten für Getreide für die Bauern höher waren als der mögliche Verkaufspreis, der deflationär nach unten ging.

Während ein Unternehmer bei einer Inflation seine Investitionen in seine Preise miteinberechnen und so Gewinne machen kann, hat er bei der Deflation keine Chance: Er kann teuer eingekaufte Waren nur noch weit unter Preis verkaufen und macht permanent Verluste. Das kann bis zum Bankrott gehen.

Die Deflation ist also für alle eine Katastrophe: Für den Arbeitnehmer, weil er arbeitslos wird oder sein Lohn sinkt, für den Unternehmer, weil er immer weniger verkaufen kann, und für den Anleger und Sparer, weil er bei Bankenpleiten sein Vermögen verliert.

Während man sich vor einer Hyperinflation recht leicht schützen kann, indem man in Sachwerte wie Immobilien oder Edelmetalle sowie Fremdwährungen investiert, ist der Schutz vor einer Deflation viel schwieriger, da man von allen Seiten bedroht ist.

Halten wir fest: Die wirkliche Gefahr bei der nächsten Krise ist nicht die Inflation, sondern die Deflation. Also sollten Sie sich gegen Letztere schützen, denn diese Gefahr hat heute kaum jemand auf dem Schirm. Die Frage ist nur wie, und damit werden wir uns im Folgenden beschäftigen.

»Ich kann freilich nicht sagen, ob es besser werden wird, wenn es anders wird, aber so viel kann ich sagen, es muß anders werden, wenn es gut werden soll.«

Georg Christoph Lichtenberg (1742–1799), *Sudelbücher, Heft K (293)*, 1793–1796

TEIL 3

So sichern Sie sich gegen die weitere Verarmung ab

Wie wir gesehen haben, läuft gegen die Deutschen schon seit Jahrzehnten ein regelrechtes Ausbeutungsprogramm, das dafür sorgt, dass die meisten kaum Vermögen ansparen können. Doch selbst dieses wenige Vermögen wird durch eventuelle Crashs im Finanzsystem und einen Lastenausgleich durch die Politik bedroht. Da stellt sich die Frage, wie Sie sich am besten absichern können, um nicht auch dieses noch zu verlieren.

Anleger lernen heutzutage, möglichst auf die Rendite zu achten, weil Geld »arbeiten« müsse. Dabei wird kaum beachtet, dass mit der Rendite auch das Risiko steigt und in Krisenzeiten der Vermögenserhalt und nicht die Vermögenvermehrung im Vordergrund stehen sollte. Es gilt also, vollkommen umzudenken.

Interessant ist die Bemerkung von Filmstar Tom Schilling, er lege seine Gagen ganz bewusst nicht gewinnbringend an. Er sagte: »Geld zu vermehren finde ich widersinnig« und begründete dies damit, wenn bei ihm etwas mehr werde, müsse es an anderer Stelle doch fehlen. »Irgendjemand muss das bezahlen. Entweder als Opfer einer Blase oder einfach die kommenden Generationen. Wachstum kommt nicht aus dem Nichts; dazu muss vorher etwas sterben.«[207]

Und er hat recht, Geld »arbeitet« nicht. Wenn jemand leistungslose Gewinne macht, gehen diese auf Kosten anderer, die umso mehr Leistung erbringen müssen. Oder aber die Produktqualität wird immer schlechter, damit die Börsenkurse nach oben gehen und die Taschen der Manager und Aktionäre gefüllt werden, wie wir es in dem Kapitel »Shareholder Value oder die Kosten des Börsenbooms« dargestellt haben.

Es geht also heute keineswegs mehr darum, »Rendite zu machen«, sondern darum, Sie vor der Verarmung beim nächsten Crash zu bewahren. Dazu folgen einige Hinweise.

Am wichtigsten: keine Schulden!

Am wichtigsten ist es, schuldenfrei zu bleiben oder zu werden. Schulden sind in einer Deflation – und alle großen Wirtschaftskrisen waren Deflationen – besonders gefährlich, weil sie dann aufgewertet werden. Folglich müssen Sie viel mehr Leistung erbringen, um die Schulden zu erwirtschaften.

Bei Immobilienschulden ist es noch kritischer. Sinkt in einer Krise nämlich der Immobilienwert, so wird bald der Punkt erreicht, an dem der gesunkene Immobilienwert den Kredit nicht mehr absichert. Dann ist die Bank dazu verpflichtet, weitere Sicherheiten zu fordern, und wenn diese nicht erbracht werden können, wird zwangsverkauft und Sie bleiben ohne Haus, aber mit Restschulden zurück.

Achten Sie daher darauf, dass Sie möglichst schnell alle Ihre Schulden abzahlen. Noch besser: Machen Sie gar nicht erst Schulden, denn Schulden sind das größte Risiko.

Immobiles Vermögen klein halten

Damit kommen wir zur nächsten Empfehlung: Halten Sie das Immobilienvermögen klein, indem Sie sich auf ein Eigenheim beschränken. In einer Krise zählt Flexibilität und Mobilität, Vermögen muss schnell umschichtbar sein. Das Gegenteil davon ist immobiles Vermögen in Gestalt von Grundstücken und Immobilien. Eine Immobilie lässt sich nicht schnell mal eben verkaufen, das benötigt viel Zeit und ist in Krisenzeiten oft gar nicht möglich, weil es keine Käufer mehr gibt.

Außerdem herrscht die ständige Gefahr, dass Immobilienabgaben und ein Lastenausgleich eingeführt werden, was es in der deutschen Geschichte schon zweimal gegeben hat. Es ist nur eine Frage der Zeit, bis sich dies wiederholt - vor allem dann, wenn den Politikern in einer Krise das Geld fehlt.

Hinzu kommt, dass Immobilien besonders leicht zu belasten sind, da der Staat über das Grundbuch jederzeit auf sie zugreifen kann und alle Immobilien durch die Reform der Grundsteuer schon jetzt fest bewertet sind. Folglich ist nichts einfacher, als auf diese ermittelten Werte eine Vermögenssteuer oder Zwangshypothek zu legen.

Da nur etwa 40 Prozent der Deutschen über Wohneigentum verfügen, aber fast 60 Prozent des ganzen Volksvermögens in Immobilien stecken, treffen Politiker nur eine Minderheit, wenn sie sich dieses Vermögens bedienen. Bequemer können Politiker in Geldnot das Vermögen der Bürger nicht abschöpfen.

Speziell davon betroffen ist dann Immobilienvermögen, das vermietet ist. In Notzeiten mag das Eigenheim noch verschont bleiben, doch bei vermieteten Immobilien greift das Grundgesetz mit seiner Formel »Eigentum verpflichtet«.

Verzichten Sie also, vom Eigenheim abgesehen, komplett auf alle weiteren Immobilieninvestments.

Börseninvestments: Aktien und Investmentfonds

Man erhält heute immer wieder den Rat, an der Börse zu investieren - entweder direkt in Aktien oder indirekt über Investmentfonds. Beides ist kritisch. Denn wie wir gesehen haben, wurde laut einer Fed-Studie fast die Hälfte der Börsenkurssteigerungen der letzten 30 Jahre nur durch sinkende Zinsen und Steuerreduktionen für Unternehmen ausgelöst. Diese Sonderfaktoren fallen bei steigenden Zinsen weg. Selbst wenn also kein Crash kommt, ist das Steigerungspotenzial für Aktien grundsätzlich eher gering. Das betont sogar die Federal Reserve (Fed).[208]

Alles, was jetzt noch die Börsen nach oben treibt - insbesondere bei einer Wirtschaft in der Dauerrezession –, ist reine Spekulation. Die Geschichte zeigt deutlich, dass eine nur noch von Gier und Spekulation getriebene Börse früher oder später kollabiert.

Halten Sie sich deshalb von der Börse fern. Die heutigen Kurse sind viel zu überzogen, als dass man hier sein Geld langfristig anlegen sollte. Ein Crash würde dieses Vermögen schnell vernichten.

Lebensversicherungen

Nicht viel besser sind Lebensversicherungen, denn sie bieten heutzutage kaum noch Gewinne. Viele Versicherte bekommen bestenfalls den eingezahlten Betrag zurück. Dies gilt erst recht, weil 2005 die Steuerfreiheit abgeschafft wurde.

Hinzu kommt, dass bei einer großen Finanzmarktkrise auch Versicherer schnell in Schwierigkeiten geraten – umso mehr, wenn die Anleihen, in die investiert wurde, bei einer Staatspleite wertlos werden. Außerdem haben Sie bei Lebensversicherungen keinen schnellen Zugang zu Ihrem Geld. Doch genau das Gegenteil brauchen Sie, nämlich zugriffsbereites Vermögen.

Deshalb gilt: keine Lebensversicherungen. Sie sollten die Kontrolle über Ihr Geld behalten.

Edelmetalle

Edelmetalle sind sehr wichtig und ein Basisinvestment. Mit Edelmetallen sichern Sie sich gegen jede Art von Währungskrise ultimativ ab. Während alle Währungen in der Geschichte früher oder später ihren Wert verloren, haben Edelmetalle diesen stets beibehalten.

Dennoch sind auch Edelmetalle nicht gegen Wertverluste in einer Krise gefeit. So sank der Goldwert in der Finanzkrise 2008 um 20 Prozent, und der Silberwert halbierte sich sogar. Noch problematischer sieht es bei Aktien von Edelmetallminen aus, welche manche heute als Alternative zu den reinen Edelmetallen sehen. Diese verloren sogar 90 Prozent und mehr an Wert, und das in sehr kurzer Zeit. Deshalb sind Minenaktien als Krisenvorsorge nicht zu empfehlen. Außerdem fließt in den Aktienwert nicht nur der Edelmetallpreis ein, sondern es kommen viele weitere Faktoren wie Schulden, politische Vorgaben vor Ort oder Abbaubedingungen der Mine hinzu – alles Faktoren, die man nicht im Griff hat.

Wenn man also in Edelmetalle investiert, dann nur in das reine Metall, das man physisch kauft, und nicht in Zertifikate oder dergleichen. Solche Wertpapiere verlieren in einer handfesten Krise nämlich ebenfalls schnell an Wert. Auch Zollfreilagern ist nicht zu trauen, da in Krisenzeiten die versprochene Auslieferung schnell unterbunden wird und man nicht mehr an sein Metall herankommt.

Wie wichtig physisches Metall ist, konnten Sie während der Coronakrise sehen. Damals musste beispielsweise für physisches

Silber zeitweise doppelt so viel bezahlt werden, als der Weltmarktpreis aufwies.

Physisches Metall empfiehlt sich in kleiner Stückelung bei Gold und Platin bis zu 1 Unze und bei Silber bis zu 1 Kilogramm. Große Stückelungen sind in einer Krise kaum zu handeln, da niemand auf einen 1 Kilogramm Goldbarren »herausgeben« kann.

Nicht zu verachten sind auch 1-Gramm-Goldstücke, die es mit Zertifikat zu kaufen gibt. Zwar sind diese im Kaufpreis teurer als die größeren Stücke, aber als Tauschmittel in einer Krise besser geeignet.

Zu bedenken ist allerdings, dass Gold und andere Edelmetalle niemals den Großteil der Investments ausmachen sollte, da diese auch ein Rückfallrisiko haben. Man sollte niemals alle »Eier in einen Korb legen«, sondern das Vermögen streuen.

Bargeld

Von den meisten Anlageberatern wird heute Bargeld als Krisenabsicherung völlig übersehen. Das Argument dagegen lautet oft, dass Bargeld keine Zinsen bringt oder dass es inflationär entwertet werden würde. Doch was passiert in einer Krise oder Deflation? Es zählt nur noch Bargeld, und dieses steigt schnell im Wert.

Im Übrigen ist nach dem Bundesbankgesetz einzig und allein Bargeld ein »gesetzliches Zahlungsmittel« mit Annahmezwang. Dies gilt nicht für Giralgelder oder Kartengeld, das nur ein Versprechen auf Bargeld darstellt und wertlos wird, wenn dieses Versprechen in einer Krise nicht mehr gehalten wird.

Sowohl in der Argentinienkrise im Jahr 2001 wie auch in der Zypernkrise 2013, als die Banken zumachten, hatten nur diejenigen Probleme, welche sich auf Giral- und Kartengeld verließen. Wer Bargeld besaß, konnte ganz normal einkaufen, während Kartengeld nicht mehr akzeptiert wurde.

Deshalb ist Bargeld ein wichtiger Bestandteil der Krisenvorsorge. Auch hier sind eher kleine Stückelungen zu empfehlen, weil große Scheine erstens auffallen und zweitens niemand herausgeben kann. Außerdem kann es Bargeldverbote geben. So wurden 2016 in Indien die größten Geldscheine über Nacht einfach verboten. Dasselbe passierte dort 2023 noch einmal, als der 2000-Rupien-Schein nur noch eine Gültigkeit von 4 Monaten hatte.[209] Gibt es also Bargeldverbote, betreffen diese immer die großen Scheine, denn ohne jedes Bargeld würde die ganze Wirtschaft zusammenbrechen und es zu Widerstand kommen.

Das heißt für Sie: Halten Sie sich einen Bargeldvorrat, mit dem Sie mindestens 3 Monate lang ihren derzeitigen Lebensstil finanzieren können. Bevorzugen Sie dabei kleine Scheine.

Silbermünzen mit Nennwert

Ein Geheimtipp sind Silbermünzen mit einem Nennwert, also Münzen, die auch als normale Geldmünzen gebraucht werden oder wurden. Hier zu nennen sind die 10-und 20-Euro-Silbermünzen, sowie die alten 5- und 10-DM-Münzen. Die 10-Euro-Silbermünze wurde bis 2010 von der Deutschen Bundesbank herausgebracht. Sie besteht aus 16,65 Gramm Feinsilber. Wer diese Münzen damals bei der Deutschen Bundesbank für den Nennwert von 10 Euro ohne Aufschlag erworben und gesammelt hat, kann sich heute über einen stark gestiegenen Wert freuen. Da der Silberpreis kräftig gestiegen ist, sind diese Münzen heute (Stand Mai 2024) ganze 15 Euro wert, und zwar nur für das enthaltene Silber.

Da dies inzwischen zu teuer ist, lohnen sich die 20-Euro-Silbermünzen, die es seit der Einstellung der 10-Euro-Silbermünzen im Jahr 2011 gibt. Sie haben denselben Silbergehalt wie die 10-Euro-Silbermünzen, aber den doppelten Nennwert. Wenn Silber weiter steigt, wird der Nennwert dieser Münzen bald überschritten und diese gewinnen immer mehr an Wert.

Ähnlich sieht es auch für die 5- und 10-DM-Münzen aus. Sie haben ebenfalls einen festen Nennwert, und man kann sie jederzeit bei der Bundesbank in Euro umtauschen. Der reine Silberwert hat sich hier ebenfalls (Stand Mai 2024) deutlich auf fast 9 Euro bei den 10-DM-Münzen und über 6 Euro bei den 5-DM-Münzen gesteigert.

Der große Vorteil solcher Silbermünzen mit Nennwert ist, dass selbst dann, wenn Silber im Preis abstürzen sollte, in jedem

Fall der Nennwert erhalten bleibt. Man hat also im Unterschied zu reinen Silbermünzen eine Absicherung nach unten. Steigt der Silberpreis, profitiert man vom steigenden Materialwert, sinkt es, ist man nach unten abgesichert und verliert keine Vermögenswerte, denn weniger als die 10 oder 20 Euro kann die Münze nie wert sein, egal wie weit der Silberpreis fällt.

Zudem sind speziell die Euromünzen ein gesetzliches Zahlungsmittel und können in einer Krisensituation wie Bargeld genutzt werden. Man ist damit auf alles vorbereitet: Gibt es eine Inflation, so steigt der Materialwert der Münzen. Gibt es eine Deflation, so sinkt zwar der Materialwert, aber man hat Bargeld mit einem festen Nennwert und kann damit einkaufen.

Investieren Sie in Münzen mit Nennwert, derzeit die 20-Euro-Silbermünze oder auch die 10-Euro-Silbermünze. Damit verfügen Sie über Bargeld und gleichzeitig Silber – ohne das Risiko eines Silberpreisverfalls.

Fremdwährungen

Fremdwährungen sind ebenfalls eine gute Möglichkeit, einem Eurocrash vorzubeugen. Besonders geeignet dazu ist der Schweizer Franken, weil dieser eine klassische Fluchtwährung ist und bisher bei allen Arten von Krisen und Kriegen immer profitieren konnte. Es ist kein Zufall, dass der Schweizer Franken im Verhältnis zum Euro ausgerechnet seit der Finanzkrise 2008 permanent an Wert gewonnen hat. War er damals bei 0,60 Euro pro Franken notiert, so liegt er heute deutlich über der Parität. Dazu kommt, dass die Schweiz mit nur etwa 30 Prozent Staatsverschuldung in Bezug zum Bruttoinlandsprodukt (BIP) nur gering verschuldet, eine Staatspleite also unwahrscheinlich ist.

Auch die Norwegische Krone ist eine Fluchtwährung. Norwegen hat ebenfalls eine sehr niedrige Staatsverschuldung und profitiert von seinem Öl- und Rohstoffreichtum.

Bei Fremdwährungen lohnt sich ebenfalls eine Investition in Bargeld, um von Banken unabhängig zu sein. Wieder seien eher kleine Scheine empfohlen, also in Banknoten ausgedrückt bis zu 50 Schweizer Franken und 500 Norwegische Kronen.

Zusammenfassung und Schlussfolgerung

Während Deutschland bei weitem die stärkste Wirtschaft in Europa hat, die Bürger fleißig arbeiten und eine hohe Wertschöpfung haben, gehören sie hinsichtlich des persönlichen Vermögens zu den ärmsten Europäern. Der Grund dafür ist, dass es in diesem Land die höchsten Steuern und Abgaben der ganzen Welt gibt, für viele Produkte die höchsten Preise, ein schlechtes Rentensystem mit Niedrigrenten für die meisten, einen aufgeblähten Beamtenapparat, die zweitgrößten Entwicklungshilfeausgaben, hohe Ausgaben für die Zuwanderung und nicht zuletzt das Eurosystem, das uns permanent ausplündert.

Doch dies ist erst der Anfang der Enteignung. Auf uns kommt ein gewaltiger Megacrash zu, der nicht nur Geldvermögen vernichten, sondern auch den Großteil des Immobilienbestandes entwerten wird. Auf das, was dann übrigbleibt, wird der Staat mit Sonderabgaben und einem Lastenausgleich zugreifen.

Wer diese Gefahr nicht ernst nimmt und sich nicht absichert, wird notgedrungen verarmen.

»Lieber ein Ende mit Schrecken als ein Schrecken ohne Ende.«

Sprichwort

Über den Autor

Günter Hannich, geboren 1968, ist parteilos, studierte ursprünglich Chemie und ist seit 1998 als Autor von inzwischen dreizehn Büchern zum Thema Finanzen, Geldsystem und Gesellschaft tätig. Seine treffsicheren Prognosen sind erstaunlich: Schon vor dem Internetcrash im Jahr 2000 warnte er beispielsweise vor dem Platzen der Börsenblase, tat dies ebenfalls vor der Finanzkrise 2008 und vor der Eurokrise im Jahr 2011. Jetzt sieht er eine Krise kommen, die alles bisher Dagewesene in den Schatten stellen wird.

- Internetseite des Autors: *www.geldcrash.de*
- Facebook-Account: Günter Hannich
- Instagram-Account: guenterhannich
- Youtube Kanal: Günter Hannich

Quellen und Anmerkungen

Die Links in den Quellenangaben wurden zum Zeitpunkt der Recherche geprüft und verifiziert. Bei Redaktionsschluss waren die Quellen alle aufrufbar. Sollte dies nach der Drucklegung nicht mehr der Fall sein, so können Online-Artikel oft noch über die Wayback Machine des Internetarchivs (*https://archive.org/web/*) aufgefunden werden. Für Links, die nach der Veröffentlichung von den Seitenbetreibern gelöscht oder verändert wurden, übernehmen Verlag und Autor keine Verantwortung.

Endnoten

1 *https://de.statista.com/statistik/daten/studie/255335/umfrage/nettovermoegen-privater-haushalte-in-europa-nach-laendern/*; siehe auch *https://www.faz.net/aktuell/wirtschaft/wirtschaftspolitik/armut-und-reichtum/ezb-umfrage-deutsche-sind-die-aermsten-im-euroraum-12142944.html.*

2 *https://www.focus.de/finanzen/news/eu-vergleich-deutsche-sind-die-armen-schlucker-europas_id_259566303.html.*

3 *https://www.focus.de/finanzen/unerwartete-vermoegensstatistik-laut-bundesbank-besitzen-osteuropaeer-hoehere-vermoegen-als-deutsche_id_259586135.html.*

4 *https://de.statista.com/statistik/daten/studie/188766/umfrage/bruttoinlandsprodukt-bip-pro-kopf-in-den-eu-laendern/.*

5 *https://www.tagesschau.de/wirtschaft/arbeitsmarkt/arbeitszeit-beschaeftigte-arbeitsstunden-100.html?xing_share=news.*

6 *https://www.swp.de/panorama/hier-leben-die-reichsten-menschen-in-europa_-geld_-reichtum_-wohlstand-71342109.html.*

7 *https://www.tagesschau.de/wirtschaft/studie-ing-ruecklagen-101.pdf.*

8 *https://www.bmwk.de/Redaktion/DE/Schlaglichter-der-Wirtschaftspolitik/2024/03/05-vermoegensungleichheit-in-deutschland-und-europa.html.*

9 Reuters, 14. November 2017. Diese Quelle ist im Internet nicht mehr auffindbar, der Artikel liegt dem Autor aber vor.

10 *https://www.diw.de/documents/publikationen/73/diw_01.c.575768.de/dp1717.pdf.*

11 *https://www.focus.de/finanzen/gastbeitrag-von-gabor-steingart-drei-bittere-finanz-fakten-ueber-uns-buerger-sollte-die-ampel-kennen_id_203130071.html.*

12 *https://www.destatis.de/DE/Presse/Pressemitteilungen/2016/08/PD16_276_736.html.*

13 *https://www.wirtschaftsdienst.eu/inhalt/jahr/2024/heft/1/beitrag/rueckläeufige-einnahmen-aus-der-erbschaft-und-schenkungsteuer.html#:~:text=Abweichung%20von%20Steuerfestsetzung%20und%20Steuereinnahmen&text=Die%20Steuereinnahmen%20sind%20tatsächlich%20rückläufig,festgesetzt%20(BMF%2C%202023a).*

14 Ebd.

15 *https://www.zeit.de/wirtschaft/2017-07/vermoegen-vererben-diw-steigt-erben-erbrecht.*

16 *http://www.zeit.de/wirtschaft/2016-10/reichtum-deutschland-hochvermoegen-arbeit-schenkungen-erbschaften.*

17 *https://www.quirinprivatbank.de/system/images/455/original/2017_06_07_Erben_und_Vererben_Studie_Kernergebnisse.pdf.*

18 *https://www.tagesschau.de/wirtschaft/verbraucher/oecd-steuern-abgaben-deutschland-100.html.*

19 *https://www.wirtschaftsdienst.eu/inhalt/jahr/2021/heft/4/beitrag/die-verteilung-der-steuer-und-abgabenlast.html.*

20 *http://news25.de/news.php?id=245905&title=Standort+Deutschland+f%E4llt+im+Steuerwettbewerb+zur%FCck&storyid=1677336978942.*

21 *http://news25.de/news.php?id=247298&title=Steuerzahlerbund+fordert+Pr%FCfung+von+Ausgaben+im+Bundeshaushalt&storyid=1679680213511.*

22 *http://news25.de/news.php?id=244578&title=Steuereinnahmen+in+2022+noch+h%F6her+als+erwartet&storyid=167477397610.*

23 *https://www.tagesschau.de/inland/innenpolitik/steuereinnahmen-bund-laender-104.html.*

24 *https://www.sozialpolitik-aktuell.de/files/sozialpolitik-aktuell/_Politikfelder/Einkommen-Armut/Datensammlung/PDF-Dateien/tabIII1.pdf.*

25 *Die Woche*, 24. April 1998. Diese Quelle ist im Internet nicht mehr auffindbar (*Die Woche* wurde 2002 eingestellt), der Artikel liegt dem Autor aber vor.

26 *https://www.welt.de/print-welt/article546844/Jedes-Jahr-kommt-eine-heimliche-Steuererhoehung.html.*

27 *https://fastercapital.com/de/inhalt/Kreative-Buchhaltung--Die-dunkle-Seite-von-CooktheBooks.html#Einf-hrung-in-die-kreative-Buchhaltung.*

28 *https://www.spiegel.de/wirtschaft/service/steuer-relikt-aus-kaiserzeit-die-schaumweinsteuer-auf-sekt-und-champagner-podcast-a-b0c25dc5-40ae-4aab-a332-a04b7f8e51ec.*

29 *https://www.bundesbank.de/de/presse/pressenotizen/deutsche-staatsschulden-928466.*

30 *https://www.tagesschau.de/wirtschaft/staatsdefizit-steigt-zinsausgaben-verdreifacht-100.html.*

31 *https://www.bundesrechnungshof.de/SharedDocs/Downloads/DE/Berichte/2023/sondervermoegen-volltext.pdf?__blob=publicationFile&v=6.*

32 Siehe auch den Crash-Investor vom 5. April 2024. Beim Crash-Investor handelt es sich hier wie im Folgenden um einen wöchentlichen Börsenbrief von Günter Hannich, der im VNR-Verlag erscheint; *https://www.gevestor.de/gevestor-shop/boersenbriefe/guenter-hannichs-crash-investor.*

33 *https://news25.de/news.php?id=260915&title=IG+Metall+fordert+600-Milliarden-Sonderverm%F6gen+f%FCr+die+Industrie&storyid=170507543876.*

34 *https://www.faz.net/aktuell/wirtschaft/deutschlands-staatsschulden-summe-liegt-bei-14-7-billionen-euro-17482283.html.*

35 Crash-Investor vom 5. April 2024; *https://www.gevestor.de/gevestor-shop/boersenbriefe/guenter-hannichs-crash-investor.*

36 *https://www.stiftung-marktwirtschaft.de/fileadmin/user_upload/Kurzinformationen/Kurzinformation_Spitzensteuersatz_2020_12_02_web.pdf*; siehe auch *https://www.wirtschaftsdienst.eu/inhalt/jahr/2018/heft/8/beitrag/60-jahre-einkommensteuertarif-in-deutschland-bestandsaufnahme-und-handlungsempfehlungen.html.*

37 *https://www.sozialpolitik-aktuell.de/files/sozialpolitik-aktuell/_Politikfelder/Einkommen-Armut/Datensammlung/PDF-Dateien/tabIII1.pdf;* siehe auch *https://www.destatis.de/DE/Themen/Arbeit/Verdienste/Verdienste-Branche-Berufe/Tabellen/liste-bruttomonatsverdienste.html#134756.*

38 *https://www.smartsteuer.de/online/steuerwissen/spitzensteuersatz/.*

39 *https://news25.de/news.php?id=265838&title=St%E4dtetag+sieht+beim+Wohnungsbau+%22h%F6chste+Gefahrenstufe%22+erreicht&storyid=1713259100563.*

40 *https://www.boeckler.de/de/boeckler-impuls-soziales-kostet-geld-9995.htm.*

41 *https://www.focus.de/finanzen/news/ist-das-buergergeld-zu-teuer-so-aufgeblaeht-ist-deutschlands-sozialstaat-wirklich_id_245643801.html.*

42 *https://news25.de/news.php?id=263669&title=Arbeitgeber+warnen+vor+Explosion+der+Sozialbeitr%C3%A4ge&storyid=1709799807573.*

43 *https://www.focus.de/finanzen/altersvorsorge/rente/vorausberechnung-kosten-von-228-milliarden-euro-drohen-wie-sich-die-rentenkosten-druecken-liessen_id_249788953.html.*

44 *https://www.deutsche-apotheker-zeitung.de/news/artikel/2022/08/15/wohin-fliesst-das-geld-der-gesetzlichen-krankenkassen.*

45 *https://news25.de/news.php?id=266331&title=H%F6here+Gesundheitsausgaben+im+Jahr+2022&storyid=1713991630959.*

46 *https://www.spiegel.de/wirtschaft/soziales/gesundheit-in-deutschland-wird-taeglich-mehr-als-eine-milliarde-euro-ausgegeben-a-1193779.html.*

47 *https://www.wissenschaft.de/gesundheit-medizin/das-deutsche-gesundheitssystem-im-europaeischen-vergleich/.*

48 *https://www.stern.de/gesundheit/medikamenten-preise--deutschland-ist-zweitteuerstes-land-auf-der-welt-bei-arzneimitteln-9016614.html.*

49 *https://www.dasinvestment.com/internationaler-vergleich-diese-laender-haben-das-beste-rentensystem/.*

50 *https://growney.de/blog/deutschlands-rente-im-internationalen-vergleich.*

51 *https://news25.de/news.php?id=264940&title=Renten+langj%E4hrig+Versicherter+h%E4ufig+unter+der+Armutsgrenze&storyid=1711736378433.*

52 *https://news25.de/news.php?id=261300&title=Statistisches+Bundesamt%3A+Viele+Rentner+haben+unter+1.250+Euro+netto&storyid=1705780831809.*

53 Ebd.

54 *https://www.youtube.com/watch?v=4z_uVzfDd8M.*

55 *https://www.mdr.de/nachrichten/deutschland/politik/rente-pension-zulage-beamte-100.html.*

56 *https://www.merkur.de/leben/geld/renteneintrittsalter-rente-europa-deutschland-vergleich-wer-arbeitet-am-laengsten-zr-91744534.html.*

57 *https://news25.de/news.php?id=258477&title=Wirtschaftsweise+Grimm+bringt+Rentenk%FCrzungen+ins+Gespr%E4ch&storyid=170056870343.*

58 *https://www.onvista.de/news/2024/04-07-roundup-umfrage-grosse-mehrheit-haelt-rente-langfristig-nicht-fuer-sicher-0-10-26258542.*

59 *https://www.focus.de/finanzen/altersvorsorge/babyboomer-verlassen-arbeitsmarkt-arbeiten-bis-70-wegen-uebermacht-der-alten-4-grafiken-erklaeren-das-deutsche-rentenproblem_id_129951110.html.*

60 *https://www.deutsche-rentenversicherung.de/DRV/DE/Ueber-uns-und-Presse/Presse/Meldungen/2023/231130-bundesmittel-bundeszuschuss.html.*

61 *https://www.focus.de/finanzen/news/ist-das-buergergeld-zu-teuer-so-aufgeblaeht-ist-deutschlands-sozialstaat-wirklich_id_245643801.html.*

62 *https://news25.de/news.php?id=265313&title=Arbeitgeberpr%E4sident+will+%22umgehenden%22+Stopp+des+Rentenpakets+II&storyid=1712426663521.*

63 *https://www.welt.de/wirtschaft/article169033905/So-viel-zahlen-die-Deutschen-fuer-die-Demokratie.html.*

64 *https://www.nzz.ch/visuals/bundestag-kosten-vergleich-ld.1649264.*

65 *Deutscher Wirtschaftsbrief 18/2024. Liegt dem Autor schriftlich vor.*

66 *https://www.mdr.de/nachrichten/deutschland/politik/beamten-neue-stellen-warum-bundestag-102.html.*

67 *https://www.t-online.de/nachrichten/deutschland/innenpolitik/id_100155218/kanzleramtsneubau-nicht-nur-olaf-scholz-baut-sich-fuer-hunderte-millionen-ein-domizil.html.*

68 *https://de.statista.com/statistik/daten/studie/155196/umfrage/die-zehn-wichtigsten-beitragszahler-im-eu-haushalt-2010/.*

69 *https://www.iwkoeln.de/presse/pressemitteilungen/samina-sultan-bjoern-kauder-berthold-busch-deutschland-bleibt-groesster-nettozahler.html.*

70 https://www.tagesschau.de/ausland/europa/deutschland-eu-haushalt-101.html.

71 https://www.nabu.de/natur-und-landschaft/landnutzung/landwirtschaft/agrarpolitik/eu-agrarreform/25173.html.

72 https://news25.de/news.php?id=259256&title=Wohnungsbaukosten+in+Deutschland+h%F6her+als+in+anderen+EU-L%E4ndern&storyid=1701969383669.

73 https://www.iwd.de/artikel/wohneigentumsquoten-in-europa-612730/.

74 https://www.verivox.de/strom/verbraucheratlas/strompreise-weltweit/.

75 https://news25.de/news.php?id=267628&title=Deutsche+Haushalte+zahlen+h%F6chste+Strompreise+in+der+EU&storyid=1716307334807.

76 https://www.tagesschau.de/wirtschaft/unternehmen/stromnetzbetreiber-forderung-bund-100.html.

77 http://news25.de/news.php?id=246412&title=Scholz+erwartet+wegen+Klima-Investitionen+neues+Wirtschaftswunder&storyid=1678380845819.

78 https://www.autobild.de/artikel/grosser-neuwagen-preisvergleich-4213128.html.

79 https://www.tagesschau.de/wirtschaft/autopreis-ts-100.html.

80 https://news25.de/news.php?id=260045&title=Kubicki+will+deutsche+Entwicklungshilfe+um+ein+Drittel+k%FCrzen&storyid=1703288929914.

81 https://dserver.bundestag.de/btd/20/097/2009761.pdf.

82 https://www.reisereporter.de/reisenews/deutsche-bahn-ist-im-europa-vergleich-am-unpuenktlichsten-3FRLA33QE6JC5ITOS6Z3JBC3X5.html.

83 https://www.hna.de/verbraucher/gez-gebuehren-umfrage-enthuellt-zwei-drittel-unangemessen-hoehe-rundfunkbeitrag-oeffentlich-rechtlich-zr-91742443.html.

84 https://jungefreiheit.de/kultur/medien/2023/gez-mehrheit-gegen-erhoehung/.

85 https://www.steuerzahler.de/aktion-position/gebuehren/rundfunkbeitrag/?L=0.

86 https://www.inside-digital.de/news/bombe-geplatzt-verschwendung-der-gez-gebuehren-ist-vorbei.

87 https://www.versicherungsbote.de/id/4909766/Rundfunkbeitrag-Welcher-Anteil-fur-die-Altersvorsorge-reserviert-ist/.

88 *https://www.welt.de/wirtschaft/article247801200/Lkw-Maut-Die-Mauterhoehung-muessen-wir-zu-100-Prozent-weitergeben.html.*

89 *https://www.derstandard.de/story/3000000187399/oesterreich-schont-den-schwerverkehr-bei-der-lkw-maut.*

90 *https://www.welt.de/wirtschaft/article250370996/Buerokratie-Der-absurde-Kampf-gegen-die-Regelflut-mit-noch-mehr-Buerokratie.html.*

91 Ebd.

92 *https://managerblatt.de/buerokratie-als-innovationsbremse-deutschlands-herausforderung-im-internationalen-vergleich/.*

93 *http://news25.de/news.php?id=247386&title=Maschinenbauindustrie+kritisiert+gr%FCne+Wirtschaftspolitik&storyid=1679948904936.*

94 *https://news25.de/news.php?id=266156&title=BDI+sieht+wirtschaftliche+Lage+Deutschlands+kritisch&storyid=1713774582476.*

95 *https://news25.de/news.php?id=263722&title=Forschungsausgaben+auf+neuem+H%C3%B6chststand&storyid=1709876210875.*

96 Bund der Steuerzahler e. V., *Der Steuerzahler*, Juni 2001. Diese Ausgabe ist nicht mehr verfügbar, liegt dem Autor aber vor.

97 Ebd.

98 *https://www.pharmazeutische-zeitung.de/online-24-2001/.*

99 *https://www.bundesbank.de/resource/blob/691826/5a38d-995f2951d2498e598a29ccb55eb/mL/2000-12-monatsbericht-data.pdf.*

100 *https://www.wirtschaftsdienst.eu/inhalt/jahr/2023/heft/12/beitrag/subventionen-in-zeiten-knapper-kassen.html.*

101 *Financial Times Deutschland*, 14. Juni 2001. Dieser Beitrag ist im Internet nicht mehr auffindbar, liegt dem Autor aber vor.

102 Bund der Steuerzahler: *Der Steuerzahler*, 8/2001. Dieser Beitrag ist im Internet nicht mehr auffindbar, liegt dem Autor aber vor.

103 *Fuchs-Report*, März 2001. Dieser Beitrag ist im Internet nicht mehr auffindbar, liegt dem Autor aber vor.

104 *https://www.anwalt.de/rechtstipps/fallen-fuer-mieter-so-verlieren-sie-garantiert-ihre-wohnung_083261.html.*

105 *https://www.merkur.de/leben/wohnen/eigenbedarfskuendigung-fuer-au-pair-ist-zulaessig-zr-90253979.html.*

106 *https://news25.de/news.php?id=266162&title=Cum-Ex-Ermittlerin+Brorhilker+verl%E4sst+die+Justiz&storyid=1713779657580.*

107 *https://www.umweltbundesamt.de/sites/default/files/medien/361/dokumente/vjs_2022_-_begleitbericht_final_kurzfassung.pdf.*

108 *https://www.tagesschau.de/faktenfinder/kontext/klimawandel-co2-ausstoss-100.html.*

109 *https://www.ifo.de/medienbeitrag/2019-07-12/was-uns-die-energiewende-wirklich-kosten-wird.*

110 *https://www.fr.de/wirtschaft/energiewende-deutschland-teuer-infrastruktur-zukunft-zr-92765718.html.*

111 *https://www.welt.de/finanzen/immobilien/article114866146/Haussanierung-Die-grosse-Luege-von-der-Waermedaemmung.html.*

112 *https://www.zdf.de/nachrichten/politik/deutschland/neues-heizungsgesetz-deutschland-start-gebaeudeenergie-100.html.*

113 *https://www.bild.de/politik/inland/politik/heiz-schock-fuer-millionen-deutsche-droht-erste-grossstadt-will-gasnetz-stillleg-87806238.bild.html.*

114 *https://www.focus.de/auto/ratgeber/kosten/studie-der-deutschen-bank-zeigt-foerder-irrsinn-umverteilung-von-arm-nach-gruen-8000-euro-fuer-schueler-20-000-euro-fuer-elektroauto_id_13570693.html.*

115 *https://www.focus.de/auto/news/die-e-autopraemie-hat-den-staat-bislang-4-6-milliarden-euro-gekostet_id_60199275.html.*

116 *https://www.fr.de/wirtschaft/industrie-klimafreundlich-e-autos-elektromobilitaet-hybrid-batterie-verbrenner-auto-zr-92726674.html.*

117 *https://www.ingolstadt-today.de/news/der-sinnlose-traum-von-der-elektrischen-zukunft-952573.*

118 *https://www.focus.de/politik/ausland/eu/china-beim-un-klimagipfel-200-neue-kohlekraftwerke-im-bau-china-trickst-die-eu-klimapolitisch-brutal-aus_id_24398872.html.*

119 Ebd.

120 *https://www.bundesbank.de/dynamic/action/de/statistiken/zeitreihen-datenbanken/zeitreihen-datenbank/723452/723452?treeAnchor=AUSSENWIRTSCHAFT&tsTab=0&statisticType=BBK_ITS&tsId=BBFI1.M.N.DE.4F.S121.S1.LE.A.FA.O.F2___T2.S._T.N.N&listId=www_s201_b12&dateSelect=2024.*

121 *https://www.bundesbank.de/de/aufgaben/unbarer-zahlungsverkehr/t2/target-salden-603478.*

122 *https://de.statista.com/statistik/daten/studie/233148/umfrage/target2-salden-der-euro-laender/.*

123 *https://www.spiegel.de/wirtschaft/soziales/deutschland-hat-die-niedrigste-geburtenrate-der-welt-a-1036553.html.*

124 *http://news25.de/news.php?id=250761&title=Anteil+der+%DCber-65-J%E4hrigen+seit+1950+mehr+als+verdoppelt&storyid=1686120478231.*

125 *http://news25.de/news.php?id=236427&title=Immer+weniger+junge+Menschen+in+Deutschland&storyid=1658732712341.*

126 *https://www.berlin.de/sen/frauen/gleichstellung/gender-daten/gender-datenreport-berlin/demografie/*; siehe auch *https://www.bz-berlin.de/archiv-artikel/jeder-zweite-berliner-lebt-alleine.*

127 *https://www.br.de/nachrichten/bayern/niederbayern-hat-einen-maennerueberschuss,QlaMyom.*

128 *https://bnn.de/karlsruhe/der-maennerueberschuss-in-kerlsruhe-steigt-weiter.*

129 *https://www.dailymail.co.uk/news/article-11781425/More-60-men-20s-single-compared-just-30-women.html.*

130 *https://www.ssoar.info/ssoar/bitstream/handle/document/19692/ssoar-sozmag-2005-8-weiss-macht_frauenmangel_manner_heiratswillig.pdf;jsessionid=D297A6B35BDCA4546B8235AA90D8EC50?sequence=1.*

131 *https://www.sueddeutsche.de/leben/scheidungs-statistik-meistens-wollen-die-frauen-nicht-mehr-1.81235;* siehe auch *https://www.statistischebibliothek.de/mir/servlets/MCRFileNodeServlet/DEHeft_derivate_00027316/5122112047004.pdf;jsessionid=D0AA800E322506C925C00F07E4A1BD80.*

132 *https://www.destatis.de/DE/Methoden/WISTA-Wirtschaft-und-Statistik/2005/04/mikrozensus-2004-042005.html;* siehe auch *https://www.destatis.de/DE/Methoden/Demografische-Regionale-Standards/Downloads/demografische-standards-2024.pdf?__blob=publicationFile.*

133 *https://www.nzz.ch/nzz-am-sonntag-magazin/warum-so-viele-maenner-unfreiwillig-single-bleiben-ld.1814982.*

134 *https://www.pi-news.net/2018/10/maennerueberschuss-in-deutschland-deutlich-vergroessert/?print=print.*

135 Ebd.

136 *http://news25.de/news.php?id=246101&title=In+Deutschland+leben+mehr+Eingewanderte+als+im+EU-Durchschnitt&storyid=1677740500789.*

137 *http://news25.de/news.php?id=245273&title=Mehrheit+der+Asylzuwanderer+reist+unerkannt+%FCber+EU-Au%DFengrenze+ein&storyid=1676098531658.*

138 *http://news25.de/news.php?id=243189&title=Deutschland+in+2022+wieder+Spitzenreiter+bei+Asylantr%E4gen&storyid=1671817172307.*

139 *https://www.tagesschau.de/inland/gesellschaft/zuwanderung-deutschland-114.html.*

140 *https://www.destatis.de/DE/Themen/Gesellschaft-Umwelt/Bevoelkerung/Migration-Integration/_inhalt.html.*

141 *https://de.statista.com/statistik/daten/studie/665598/umfrage/kosten-des-bundes-in-deutschland-durch-die-fluechtlingskrise/.*

142 *https://jungefreiheit.de/politik/deutschland/2024/raffelhueschen-zuwanderung-kostet-58-billionen-euro/.*

143 *https://www.welt.de/wirtschaft/article163753103/Diese-Zahlen-offenbaren-das-Ausmass-der-Fluechtlingskrise.html.*

144 *https://www.focus.de/politik/deutschland/zahlen-der-bundesagentur-fuer-arbeit-fast-die-haelfte-der-buergergeld-empfaenger-sind-keine-deutschen_id_259483992.html.*

145 *https://www.nius.de/wirtschaft/62-8-prozent-immer-mehr-arbeitsfaehige-buergergeld-empfaenger-haben-migrationshintergrund/a4018417-124a-42be-8c51-802bb4e532ec.*

146 *http://news25.de/news.php?id=245605&title=Ukraine-Fl%FCchtlinge+in+Deutschland+seltener+mit+Job+als+anderswo&storyid=16767360760.*

147 *https://www2.daad.de/medien/ida/webversion_ida_bildungshintergründe_syrien.pdf.*

148 *https://www.faz.net/aktuell/wirtschaft/mehr-wirtschaft/fluechtlinge-jeder-zweite-scheitert-am-deutschtest-15565140.html.*

149 *https://news25.de/news.php?id=256017&title=T%FCrkei+nahm+%FCber+Fl%FCchtlingsdeal+nur+2.140+Personen+zur%FCck&storyid=169618362281.*

150 *http://news25.de/news.php?id=244092&title=Deutschland+scheitert+bei+R%FCcknahme-Ersuchen+f%FCr+Asylbewerber&storyid=167381152626.*

151 *https://news25.de/news.php?id=253928&title=Deutschland+schiebt+mehr+abgelehnte+Asylbewerber+ab&storyid=1692375951296.*

152 *http://news25.de/news.php?id=249249&title=Zehntel+der+Ausreisepflichtigen+in+Deutschland+mehrmals+zugewandert&storyid=1683361978923.*

153 *https://www.welt.de/wirtschaft/article246185436/Migration-Wirtschaftsweise-fordert-1-5-Millionen-Zuwanderer-pro-Jahr.html.*

154 http://news25.de/news.php?id=250170&title=Landkreistag+fordert+%22Zeitenwende%22+in+Migrationspolitik&storyid=1684946866651.

155 *https://www.kleinezeitung.at/politik/aussenpolitik/4880668/EUMigrationskommissar_Europa-braucht-mehr-als-70-Millionen-Zuwanderer.*

156 *https://www.welt.de/finanzen/immobilien/article197267671/Wohnungsnot-In-diesen-Metropolen-haben-Zuzuegler-die-schlechtesten-Chancen.html.*

157 *https://m.bild.de/politik/ausland/politik-ausland/erster-afrika-praesident-sagt-deutschlands-migrationspolitik-ist-irre-87685476.bildMobile.html?t_ref=https%3A%2F%2Fwww.google.com%2F.*

158 *https://aktuellinformiert.de/fluechtlinge-muessen-keinen-muell-trennen-zweiklassengesellschaft-dank-verweigerung/.*

159 *https://www.tagesschau.de/inland/gesellschaft/bildung-lesen-iglustudie-100.html;* siehe auch *https://www.nzz.ch/deutschland/der-fall-deutschland/bildung-warum-die-schule-in-deutschland-immer-schlechter-funktioniert-ld.1747709.*

160 *https://www.spektrum.de/news/pisa-studie-gibt-deutschen-schulen-schlechte-noten/2200650.*

161 *https://news25.de/news.php?id=266045&title=Kubicki+beklagt+sinkendes+Bildungsniveau&storyid=1713548549332.*

162 *https://www.zeit.de/news/2024-04/18/lehrer-studium-wird-reformiert-mehr-paedagogik.*

163 *https://www.spiegel.de/panorama/bildung/oecd-studie-so-steht-es-um-das-deutsche-bildungssystem-a-3838f5ca-8225-410d-8d0a-bec9b5d3e852.*

164 *https://de.statista.com/statistik/daten/studie/2526/umfrage/entwicklung-der-oeffentlichen-bildungsausgaben/.*

165 *https://www.destatis.de/DE/Presse/Pressemitteilungen/2022/02/PD22_047_217.html#:~:text=Pressemitteilung%20Nr.,an%20einer%20öffentlichen%20Schule%20ausgegeben.*

166 *https://www.lz.de/owl/22173294_Verbeamtete-und-angestellte-Lehrer-Schlechterer-Lohn-fuer-gleiche-Arbeit.html.*

167 *https://de.wikipedia.org/wiki/Beamter_(Deutschland).*

168 *https://www.wiwo.de/finanzen/vorsorge/beamte-im-ruhestand-so-teuer-sind-die-1-4-millionen-pensionaere-fuer-den-staat/29567062.html.*

169 *https://www.fr.de/wirtschaft/beamte-pension-rente-kosten-steuerzahlerbund-holznagel-hoehe-beschraenkung-92184761.html.*

170 *https://www.t-online.de/nachrichten/deutschland/id_88241402/finanzministerium-pensionierte-beamte-kosten-bund-ueber-800-milliarden-euro.html.*

171 *https://www.mainpost.de/im-fokus/rente/3000-euro-inflationspraemie-pensionaere-rentner-02-03-24-art-11170635.*

172 *https://wirtschaftslexikon.gabler.de/definition/shareholder-value-43433.*

173 *https://www.nzz.ch/finanzen/die-maximierung-des-shareholder-value-in-der-kritik-ld.1035879.*

174 Ebd.

175 *https://www.golem.de/news/geplante-obsoleszenz-ein-viertel-aller-flat-tvs-wird-wegen-defekt-ausgetauscht-1503-112698.html.*

176 *https://www.focus.de/digital/handy/iphone/kuenstliche-verlangsamung-das-ist-frech-und-scheinheilig-apple-warum-mein-naechstes-handy-kein-iphone-wird_id_8058075.html.*

177 *https://www.pcwelt.de/article/1785951/samsung-galaxy-software-update-akkus-leer.html.*

178 *https://www.focus.de/digital/computer/chip-exklusiv/die-oekobilanz-von-pc-handy-co_id_2526123.html.*

179 *https://www.pressetext.com/news/na-20021106014.html.*

180 *https://motor.at/news/salzstreuung-das-umdenken-hat-begonnen/240.645.838.*

181 *https://www.welt.de/wirtschaft/article126027354/Betonkrebs-frisst-sich-durch-die-Autobahnen.html.*

182 *https://www.hofgesang.ch/links/kultur-und-natur/2013-12-16-Zeitpunkt-Die_Salzmafia.pdf.*

183 *https://www.onvista.de/news/2023/01-29-deutsche-wirtschaft-vor-langer-schwaechephase-10-26091451.*

184 *https://www.finanznachrichten.de/nachrichten-2023-02/58342777-iwf-chefin-warnt-vor-oekonomischen-folgen-bei-neuordnung-der-lieferketten-015.htm.*

185 *https://de.investing.com/analysis/ein-dusteres-schicksal-wartet-fed-sieht-ende-der-goldenen-ra-fur-aktien-200483746.*

186 *Deutscher Wirtschaftsbrief 17/2024. Liegt dem Autor schriftlich vor.*

187 *https://www.faz.net/aktuell/wirtschaft/italiens-schulden-steigen-staerker-als-geplant-19641625.html.*

188 *https://www.tagesschau.de/wirtschaft/griechenland-ts-164.html.*

189 Bundesanstalt für politische Bildung, »Deutschland in den fünfziger Jahren«, Informationen zur politischen Bildung, 3. Quartal 1997, aus dem Original zusammengefasst von G. Hannich.

190 *https://www.kettner-edelmetalle.de/wissen/enteignung-so-schuetzen-sie-sich.*

191 *https://news25.de/news.php?id=266186&title=Gesetz+zur+Bek%E4mpfung+von+Verm%F6gensverschleierung+kommt+voran&storyid=1713824337848.*

192 *https://news25.de/news.php?id=264545&title=Immobilienpreise+auch+im+letzten+Quartal+2023+stark+gesunken&storyid=1711091365560.*

193 *https://finanzmarktwelt.de/gewerbeimmobilien-rekord-preiseinbruch-laut-pfandbriefbanken-300783/.*

194 *https://germanreal.estate/de/immobilienblasen-index/.*

195 *https://www.focus.de/immobilien/kaufen/hausbesitzer-ohne-geld-alt-und-pleite-das-ist-der-groesste-fehler-den-viele-rentner-machen_id_5315003.html.*

196 Unter Giralgeld versteht man das Geld, welches nicht als Bargeld vorliegt, sondern auf ein Geldkonto mit schnellem Zugriff gebucht ist. Es stellt einen Anspruch auf Bargeld dar, wobei nur Bargeld im Bundesbankgesetz als gesetzliches Zahlungsmittel definiert ist.

197 *https://oconomicus.wordpress.com/2013/05/04/erlauterungen-zu-dem-geflugelten-ausspruch-die-pferde-wollen-nicht-saufen/.*

198 *https://www.bundesbank.de/resource/blob/917618/9ded83d7e2b042be5273e4f5f7842469/mL/2023-10-24-umfrage-download.pdf.*

199 *https://www.oenb.at/Presse/Pressearchiv/2024/20240123.html.*

200 *https://www.capital.de/geld-versicherungen/bargeld-oder-aktien-so-verteilt-sich-das-vermoegen-der-deutschen.*

201 *https://www.focus.de/politik/ausland/ukraine-krise/nur-noch-eine-frage-der-zeit-putin-verbuendete-prophezeit-dritten-weltkrieg_id_259587487.html.*

202 *http://news25.de/news.php?id=244583&title=Experte%3A+Deutschland+h%E4tte+auf+russischen+Atomangriff+%22keine+Antwort%22&storyid=1674758412142.*

203 *https://www.bild.de/politik/inland/politik-inland/generalinspekteur-breuer-muessen-uns-auf-verteidigungskrieg-einstellen-86382482.bild.html.*

204 *https://www.bpb.de/shop/zeitschriften/apuz/inflation-2023/516743/die-hyperinflation-1923-im-kollektiven-gedaechtnis/.*

205 *http://news25.de/news.php?id=253045&title=Ifo%3A+Vorleistungen+und+Gewinne+trieben+Inflation+im+Jahr+2022&storyid=169087377981.*

206 *https://www.bundesbank.de/de/startseite/inflationsrate-in-deutschland-750764.*

207 *http://news25.de/news.php?id=246435&title=Tom+Schilling+legt+seine+Gagen+nicht+gewinnbringend+an&storyid=1678386037162.*

208 *https://de.investing.com/analysis/ein-dusteres-schicksal-wartet-fed-sieht-ende-der-goldenen-ra-fur-aktien-200483746.*

209 *https://libertex.com/de/news/indien-will-seine-groesste-banknote-vor-der-erntesaison-aus-dem-verkehr-ziehen.*

Abbildungsverzeichnis

Abb. 1, 3 und 4: Deutsche Bundesbank
Abb. 2: *https://www.finanzen.net/zinsen/umlaufrendite*
Abb. 5 und 6: Statistisches Bundesamt
Abb. 7: *https://2.bp.blogspot.com/-oqg6NVck1O8/WAPaycxQlYI/AAAAAAAACuQ/5Y2jvczEJw4hbyi35w0KkhCNYi5QMGM0gCLcB/s1600/CufVAJUWcAASZsv.jpg*
Abb. 8: Fed USA
Abb. 9: *www.onvista.de*
Abb. 10: *https://dqydj.com/shiller-pe-cape-ratio-calculator/*
Abb. 11: Hauspreisindex: *https://tradingeconomics.com/germany/house-price-index-yoy.*
Abb. 12: *https://tradingeconomics.com/euro-area/money-supply-m1.*